W0083590

DIE KRAFT DER ORISCHA

Philip J. Neimark

Die Kraft der Orischa

Traditionen und Rituale
afrikanischer Spiritualität

O. W. Barth Verlag

Für Vassa, die mich mit ihrer Liebe und ihrem Vertrauen
auf dem Weg vorangebracht hat.
Für Tanya, Joshua und Daniel, die sicherstellen,
daß ich zurückkehren werde.
Für Afolabi Epega, der mir bereitwillig Unterweisungen gegeben hat.
Für *Orunmila Youngsters International,* die das Feuer wieder entfachen.
. . . und für meinen Vater Mortimer und meine Mutter Hortense,
deren Blut durch meine Adern strömt.

Die Originalausgabe erschien unter dem Titel
«The Way of the Orisa» bei HarperSanFrancisco.
Einzig berechtigte Übersetzung aus dem Englischen
von Michael Wallossek.

Erste Auflage 1996
Copyright © 1993 by Philip John Neimark.
Published by arrangement with HarperSanFrancisco,
a division of HarperCollins Publishers, Inc.
Alle deutschsprachigen Rechte beim Scherz Verlag,
Bern, München, Wien, für den Otto Wilhelm Barth Verlag.
Schutzumschlag: Zembsch' Werkstatt
unter Verwendung einer Illustration
von Stefan Gutermuth.

Inhalt

6

Geleitwort

Von Philip John Neimark/Fagbamila hörte ich zum ersten Mal, als mich vor vielen Jahren ein Patensohn aus Cleveland, Ohio, anrief, um mir mitzuteilen, es gebe da einen Nordamerikaner, der versuche, Ifa auf traditionelle Art und Weise zu praktizieren, und er meinte, ich sollte doch mal Kontakt zu ihm aufnehmen. Mein Patenkind hatte von der nordamerikanischen Ifa-Stiftung die Kopie eines von Fagbamila verfaßten Rundschreibens erhalten und gab mir deren Telefonnummer.

Am nächsten Tag rief ich dort an – nur um festzustellen, daß Fagbamila sich seit mehreren Wochen vergebens bemühte, meinen Aufenthaltsort ausfindig zu machen! Als sei unser Zusammentreffen von den Orischa vorherbestimmt worden. Es war der Beginn einer langen und bedeutungsvollen Beziehung.

Als afrikanischen Babalawo der fünften Generation erfüllte es mich mit Freude, mit anzusehen, wie sich unsere traditionelle Religion endlich in ihrer ursprünglichen Form in den Vereinigten Staaten ausbreitete. Mit großem Stolz und Vergnügen habe ich schließlich Fagbamila zum *Oluwo* initiiert, der höchsten Form von Babalawo. Gemeinsam haben wir viele Initiationen für andere Amerikaner durchgeführt, die den Wunsch hatten, Priester oder Priesterinnen der uralten Ifa-Religion zu werden.

Manche Leute möchten wissen, ob es wohl seine Richtigkeit damit habe, daß ein weißer Mann in einer «schwarzen Religion» ein so hohes Amt bekleidet. Ifa ist keine schwarze Religion; es ist eine afrikanische Religion mit Ile Ife als Ausgangspunkt, dort, wo sich heute das Gebiet des Staates Nigeria befindet. Ochanla oder Obatala, wie man ihn im Westen besser kennt, einer unserer wichtigsten Orischa, war weiß. Ifa lehrt, daß Menschen aller Hautfarben von Ile Ife aus die Erde betraten. Der Versuch, die Religion zu säkularisieren, sei es aus persönlichen oder politischen Motiven, heißt, die Lehren von Ifa zu verleugnen und sich von der Wirklichkeit dessen, was die Welt ausmacht, abzuspalten. Ifa lehrt das Einswerden mit jedem Aspekt des Universums. Irgendeinen Teil zu isolieren bedeutet, vom Pfad abzukommen. Unsere Arbeit und unsere Liebe füreinander wie auch unsere Liebe zu den geheiligten Ifa-Lehren machen deutlich, welche Realität der Hautfarbe in Wahrheit zukommt und welches Integrationsvermögen die Orischa haben.

Fagbamila ist jemand, der Ifa hingebungsvoll verehrt und den Weg der Orischa, wie er sich in Gedanken, Worten und Taten widerspiegelt, wirklich erfahren hat. Seine orischa-inspirierten Unterweisungen werden den Menschen überall auf der Welt helfen, Selbstachtung und Charakter zu entwikkeln. Vertraut mit der westlichen Kultur, weiß er am besten, welche Teile der uralten Lehren für Menschen, die einen ähnlichen geistigen Hintergrund haben wie er, besonders wichtig sind.

Afolabi Epega
Lagos, Nigeria

Einführung

«Ich habe keine Angst mehr», entgegnete ich dem Reporter der *Chicago Sun Times* auf seine Frage: «Was ist das Allerwichtigste, das Ifa bei Ihnen bewirkt hat?»

Ich glaube nicht, daß mir zu der Zeit klar war, wie sehr das wirklich stimmte. Die Worte kamen mir, wie das bei vielen echten Wahrheiten der Fall ist, geradezu von selbst über die Lippen. Doch im Laufe der Jahre konnte ich in zunehmendem Maße nicht nur den Wahrheitsgehalt meiner Antwort, sondern auch ihre Kraft verstehen. Ich bin dahingekommen einzusehen, daß meine Angst – Angst überhaupt – belastend und unnötig ist.

Ich glaube, daß Angst die primäre Motivationskraft in unserer Kultur ist. Wenn ich auf mein eigenes Leben zurückblicke, sehe ich, daß mein Antrieb, etwas zu vollbringen, mehr einer Angst davor entsprang, was andere von mir halten könnten, gesetzt den Fall, ich *würde nicht* mein Ziel erreichen, als einer Freude, die ich aus dem Gebrauch der mir innewohnenden Fähigkeiten gewinnen könnte. Außerdem glaube ich, daß mich Todesangst umtrieb. Wenn ich um zwei Uhr nachts aufwachte, nachdem ich um Mitternacht eine Pizza verputzt hatte, war ich sicher, eine Herzattacke zu erleiden und nicht bloß mit Verdauungsstörungen zu kämpfen. Wenn meine Nebenhöhlen mir Kopfschmerzen bescherten, war ich sicher, einen Gehirntumor zu haben.

9

Mußte ich mit dem Flugzeug verreisen, machte ich mir Sorgen, es werde abstürzen.

Meine Angst basierte auf zwei irrigen Voraussetzungen. Die erste war, daß man sein Leben nach Maßstäben anderer Leute leben könnte – was absurd ist. Die zweite war, daß ich, um zu überleben, alles unter Kontrolle haben müßte – was unmöglich ist. Diese Prämissen zusammen verschafften mir mehr Kummer als Freude.

Ich war einem Entweder-Oder-Realitätsbegriff entsprechend erzogen worden, demzufolge (jedenfalls glaubte ich das) ich mich entscheiden konnte, materiell *oder* spirituell ausgerichtet zu sein, nicht jedoch beides. Aber ich wollte nicht auf meine irdischen Errungenschaften verzichten oder meine Zielsetzungen in der materiellen Welt aufgeben, um ein lohnendes spirituelles Leben führen zu können ... und ich glaubte auch nicht, das zu müssen.

Dann, 1974, «entdeckte» ich Ifa, eine jahrtausendealte afrikanische Religion, die in der hochentwickelten Stadtstaat-Kultur des Joruba-Königreichs – dort, wo jetzt Nigeria ist – ihren Ursprung hatte. Sie ist die älteste monotheistische Religion der Welt. Auch Ifa beinhaltet eine Entweder-Oder-Prämisse: *Entweder* wir lernen, das Spirituelle und das Materielle zu einer Ganzheit zu verbinden, *oder* wir können niemals Glück und Erfüllung finden. Ifa fordert nicht, daß wir unser Streben nach materiellen Gütern oder die Freude und das Selbstwertgefühl, die wir daraus ziehen, aufgeben – im Gegenteil, all unser entsprechendes Streben verdient Lob. Ifa errichtet keine Front im Mittelhirn, läßt nicht Logik gegen Intuition, unsere Körper gegen unsere Seelen antreten. Ich glaube, daß aber genau diese Trennung von Verstand und Geist zu dem Gefühl der Unlust und des Ausgebranntseins beiträgt, unter dem heutzutage so viele Menschen leiden.

Entdeckt habe ich Ifa aus einer Sonntagnachmittagslaune heraus. Meine Frau und ich hatten uns ein paar Freunden angeschlossen, die sich anschickten, eine Orakeldeutung durch einen Babalawo (Priester) vornehmen zu lassen. Ich hatte nicht die leiseste Idee, was ein Babalawo war, und von meiner Grundeinstellung her war ich gegen jede Art von «albernem Mystizismus». Kurz und gut: Der allerletzte Platz, an dem man mich an einem Sonntagnachmittag im sonnigen Miami erwartet hätte, war bei einer Vorhersage meiner Zukunft.

Doch «es gibt keinen Zufall», wie ich – mittlerweile Hunderte von Malen – jedem einzelnen gegenüber betont habe, der bei mir Rat gesucht hat. Am Nachmittag jenes feuchtheißen Sommersonntags in Miami wurde ich also in einen Raum geführt, in dem drei Männer, die lockere Gewänder und eigenartige Hüte trugen, mit überkreuzten Beinen auf Strohmatten saßen. Zu dem Zeitpunkt war mir nicht klar, daß dies nicht bloß eine alltägliche Orakelsitzung mit dem ortsansässigen Babalawo war. Vielmehr ging es um die Ermittlung meines persönlichen Schutz-Orischa, und die Weissagung sollte meine erste «Lebensdeutung» mit einschließen. Nachdem er eine ganze Reihe von Gebeten auf Joruba rezitiert hatte, begann der älteste Babalawo, die *Ikin* (gesegnete Palmnüsse) zu werfen. Er tat dies, indem er sechzehn Nüsse von einer Hand in die andere wandern ließ. Falls dann – nachdem er versucht hatte, so viele Nüsse mit der Hand zu greifen, wie er nur halten konnte – eine Nuß übrigblieb, trug er auf seinem mit Pulver bestäubten Weissagungsbrett die Ziffer «II» ein. Blieben zwei Nüsse übrig, markierte er die Ziffer «I». Falls keine oder drei oder mehr zurückblieben, wurde keine Ziffer aufgeschrieben. Sobald acht Markierungen vorhanden waren, konnte mein *Odu* oder Zeichen interpretiert werden.

Die Summe und Kernaussage meiner ersten Orakelbefragung war in der Mythologie meines Zeichens enthalten. Die Geschichte erzählt, kurz gefaßt, von einem jungen, erfolgreichen Herrscher, der durch Verrat und Hinterlist entthront wurde. Er verlor nicht nur seinen Titel, er verlor auch sein Hab und Gut, seine Frau und seine Familie und wurde aus seinem Land hinaus in die Wildnis gejagt. Hier versuchte der junge Mann, allein zu überleben. Er wurde schwächer und schwächer, denn er mußte ohne Obdach oder Werkzeuge den Elementen trotzen.

In einem benachbarten Königreich, viel größer und wohlhabender als das, aus dem man den jungen König vertrieben hatte, war ein alter König gestorben. Die Babalawos hatten beim Werfen des Orakels für einen neuen Oba (König) der Bevölkerung des Königreichs mitgeteilt, Orunmila (der Orischa des Wissens) habe vorhergesagt, der neue Oba werde allein und nackt dort gefunden werden, wo eine Rauchfahne erscheine.

Der junge Mann hatte nicht nur alle Hoffnung aufgegeben, jemals in sein Königreich zurückkehren zu können, er bezweifelte auch, stark genug zu sein, um ein Nachbarland zu erreichen. Tieftraurig legte der junge Mann schließlich die letzten Insignien seines einstigen Ranges ab: seine königlichen Gewänder. Er legte sie auf einen Haufen, steckte sie in Brand und drängte sich dicht an die Flamme, um sich wenigstens etwas zu wärmen.

Die Babalawos aus dem benachbarten Königreich blickten hinaus in den Dschungel und sahen eine einzelne schwarze Rauchsäule zum Himmel emporsteigen. Sie eilten zu der Stelle, und dort hockte, wie Orunmila vorausgesagt hatte, ein nackter junger Mann. Die Prophezeiung hatte sich erfüllt. Der junge Mann wurde zum Oba des neuen Königreichs gemacht, und seine Bedeutung, sein

Reichtum, die Zahl seiner Frauen und Kinder waren größer denn je.

Bei der Interpretation dieser Geschichte für mich zog der Babalawo folgende Schlüsse: Erstens würde ich wahrscheinlich viel von dem, was ich bis zu dem Zeitpunkt erreicht hätte, verlieren. Zweitens würde ich bedeutender denn je zuvor werden, sofern ich Orunmila Opfer darbrächte und ihn verehrte. Drittens sei es, um endlich das volle Potential meines Lebensweges zu verwirklichen, unbedingt erforderlich, daß ich ein Babalawo würde! Freilich, ich würde alles, was ich erworben hätte, verlieren, damit ich den für mich richtigen Weg finden könnte. Ach ja, mein Schutz-Orischa sei Obatala.

Es war das letzte auf der Welt, was ich hören wollte, und ich glaubte es nicht. Ich war dreiunddreißig Jahre alt, wohlhabend und erfolgreich. Daß mir drei kleine, auf einer Strohmatte sitzende Männer sollten erzählen können, all das werde sich ändern, war lachhaft.

Ein Jahr später war das meiste von dem, was sie gesagt hatten, eingetreten.

Ich erinnere mich an meine Weigerung, zu akzeptieren, daß das Geschehene etwas anderes war als ein Zufall oder eine sich selbst erfüllende Prophezeiung. Ich wandte mich sogar an die führende Autorität der westlichen Welt in Sachen Ifa, Dr. William Bascom, Professor für Anthropologie an der University of California in Berkeley. Nachdem ich ihn eine Stunde am Telefon gehabt hatte, war ich verwirrter denn je. Ich erinnere mich an meine Frustration darüber, keine «rationale» Erklärung bekommen zu können für das, was geschehen war, und platzte schließlich heraus: «Dr. Bascom, das klingt ja ganz so, als ob Sie daran glaubten!» Seine Antwort, die mein Leben verändern sollte, war schlicht: «Mr. Neimark, alles, was ich Ihnen sagen kann, ist, *es funktioniert.*»

Die cartesianische Weltsicht hat jeden Aspekt unseres Lebens geprägt mit ihrer Annahme, daß alle Dinge in ihre Bestandteile zerlegt werden können (der Körper, zum Bei-

Opon – Orakelbrett – mit Klopfer.

spiel, ist eine Ansammlung von Atomen), wodurch wir glauben dürfen, es sei uns möglich, jeden dieser Bestandteile zu meistern und in der Folge das Ganze. Diese Auffassung hat eine Welt voller Entweder-Oder errichtet – den Dualismus, der ein außerordentlich gefährliches Ungleichgewicht in unserem Leben und auf diesem Planeten hervorgerufen hat.

14

Gemäß dem Verständnis von Ifa sind uns – genau wie Logik und Intuition – das Rationale und das Nichtrationale, das Lineare und das Nichtlineare gegeben worden, um sie zu nutzen – um sie beide *zusammen* zu nutzen. Für Ifa ist einseitiger Materialismus ebenso unintelligent wie abgehobene Spiritualität. Lediglich eine Hälfte unseres Leistungsvermögens zu nutzen – egal welche – bedeutet, im Spiel des Lebens bloß mit einem halben Satz Karten mitzumischen. Von Anbeginn an basierte Ifa auf einem für sich selbst sprechenden Pragmatismus. Wir glauben an Resultate. Durch seine uralten Rituale und Gebete zeigt Ifa uns, daß es nicht nur zulässig, sondern dringend erforderlich ist, unsere spirituellen Fähigkeiten zu nutzen, um unseren Alltag positiv zu beeinflussen. Warum auch nicht? Ifa erkennt und anerkennt den allüberall herrschenden Bedarf nach sicherem *und* erfülltem Leben und gibt uns Regeln und Rituale, mit deren Hilfe wir das unerschöpfliche Energie-Reservoir anzapfen können, um unsere Probleme zu lösen und praktische Fortschritte zu machen. Dies tun wir durch Ahnenverehrung, Weissagung und die Anrufung der Orischa.

Eine der zentralen Lehren dieser Religion ist, daß nur zwei Ereignisse in unserem Leben vorherbestimmt sind: Der Tag unserer Geburt und der Tag, an dem wir sterben müssen. Alles andere, ohne Ausnahme, kann vorhergesehen und, falls notwendig, geändert werden!

Nach dem Verständnis von Ifa sind wir in einem buchstäblichen, nicht in einem übertragenen Sinn Teil dieses Universums, und als dieser Teil hat jeder von uns winzige Mengen jener Energie in sich, die überall rings um uns herum existiert. Indem wir lernen, den Anweisungen, wie wir zu dieser Energie Zugang gewinnen können, zu folgen, lassen sich höchst dramatische und tiefgreifende Veränderungen in unserem Leben erzielen – wirkliche, objektive Veränderungen.

Dieses Buch habe ich geschrieben, um Sie mit Instruktionen für die Praxis zu versorgen und außerdem den Reichtum und die Schönheit zu beschreiben, die Ifa in Ihr Leben bringen kann, so wie dies bei mir geschah.

Teil eins gibt einen kurzen Überblick über die Philosophie und die grundlegenden Praktiken von Ifa. Die Kapitel über Ahnenverehrung, Tod und Wiedergeburt, Weissagung und Opferung werden Ihnen ein grundlegendes Verständnis von Ifa vermitteln, so daß Sie beginnen können, seine Kraft zu spüren.

Teil zwei lädt Sie dazu ein, die reale, praktische Energie der Orischa zu erfahren, zu nutzen und Kontakt zu ihr aufzunehmen. Sie werden lernen, Ihren ganz persönlichen Schutz-Orischa ausfindig zu machen, und erfahren, wie Sie seine Energie wirkungsvoll nutzen können, um Ihr Leben zu ändern und zu verbessern.

Denken Sie daran: Ifa ist der Weg, nicht das Ziel. Wachstum, Weisheit und persönliche Erfüllung sind seine Marksteine. Ifa hat mich in der materiellen und in der spirituellen Welt wachsen und gedeihen lassen. Es ist mein Weg geworden – und es kann auch der Ihre werden. Möge dieses Buch Ihnen als Wegweiser dienen.

Ko Si Ku
Ko Si Arun
Ko Si Eyo
Ko Si Ofo
Ko Si Idina
Ariku Babawa.

Auf daß es keinen Tod mehr gibt,
keine Krankheit mehr gibt,
kein Unglück mehr gibt,
keinen Verlust mehr gibt,
kein Hindernis mehr gibt,
laßt uns nicht den Tod unseres Vaters erleben.

Die sechzehn Wahrheiten des Ifa

1. Es gibt einen einzigen Gott.

2. Es gibt keinen Teufel.

3. Außer dem Tag, an dem du geboren wurdest, und dem Tag, an dem du sterben mußt, gibt es kein einziges Geschehnis in deinem Leben, das nicht vorhergesehen werden und, wenn notwendig, geändert werden könnte.

4. Es ist dein Geburtsrecht, glücklich zu sein, erfolgreich zu sein und Erfüllung zu finden.

5. Du sollst innerlich wachsen und dabei Weisheit erlangen.

6. Du wirst durch deine Blutsverwandten wiedergeboren.

7. Der Himmel ist das «Zuhause» und die Erde der «Marktplatz». Wir sind fortwährend zwischen diesen beiden Bereichen unterwegs.

8. Du bist in einem buchstäblichen, nicht in einem übertragenen Sinn Teil des Universums.

9. Du darfst niemals etwas anzetteln, das einem anderen Menschen zum Schaden gereicht.

10. Du darfst niemals dem Universum, von dem du ein Teil bist, Schaden zufügen.

11. Deine praktischen und spirituellen Fähigkeiten müssen zusammenwirken.

12. Du kommst mit einem speziellen Lebensweg auf die Welt. Ihn zu beschreiten ist deine Bestimmung. Weissagung liefert dir die Streckenkarte.

13. Unsere Ahnen existieren und müssen geehrt werden.

14. Opfer darbringen garantiert Erfolg.

15. Die Orischa leben in uns.

16. Du brauchst keine Angst zu haben.

TEIL I

DER WEG
DES IFA

1 DIE ORISCHA, DIE AHNEN UND DIE WEISSAGUNG

Ich glaube, der einzige Grund für das Vorhandensein einer jeden formalen Religionsphilosophie besteht darin, dem Menschen einen Begriff von Transzendenz zu vermitteln. So wie man uns auf unseren Universitäten beibringt, wie man Zugang zu den logischen Kapazitäten unseres Gehirns bekommt und wie man mit diesen umgeht, so sollte formale Religion die Universität zur Schulung der höheren geistigen Fähigkeiten sein. Transzendenz erfahren – dieser schlichte, doch makellose Akt des Wahrnehmens, durch keinerlei lineares Denken belastet – heißt der Schlüssel dazu. Ifa ist eine der ältesten Universitäten des Geistes und hat Tausende von Jahren gelehrt, wie man zur Energie der Transzendenz wirklich Zugang erhält und sie zusammen mit logischem Verhalten auf produktive Weise einsetzt.

Die Philosophie des Ifa entstand im Volk der Joruba, in jenem Gebiet Westafrikas, dem heute der Staat Nigeria entspricht. Die Ifa-Mythologie berichtet, daß die Erschaffung der Menschheit von der heiligen Stadt Ile Ife (vor den Toren des heutigen Lagos gelegen) ausging. Die Joruba schufen ein komplexes Stadtstaat-Imperium, das nach Ansicht vieler Anthropologen dem Athen der Antike ebenbürtig war. Ihre

Philosophie war eine Verbindung von grundlegenden Wahrheiten und von Naturweisheit mit den ebenso wirklichen, doch völlig anderen Erfordernissen einer hochentwikkelten kommerziellen Kultur. Ifa war nicht ein Produkt von Aberglauben, Unwissenheit oder Mangel an Bildung, sondern das Ergebnis jahrelanger Praxis und Verfeinerung durch erfolgreiche, intelligente Männer und Frauen, die es aus einem höchst einfachen Grund benutzten: Es funktionierte!

Tatsächlich basierte anfangs die Faszination, die Ifa auf mich ausübte, darauf, daß ich zu verstehen versuchte, wie diese Philosophie so lange überleben konnte, wo sie doch denen, die ihr folgten, praktische und alltagsgerechte Resultate bieten mußte. Entweder heilen Sie eine Krankheit, oder Sie tun es nicht. Entweder bekommen Sie den Job, oder Sie bekommen ihn nicht. Entweder Sie setzen sich in einer Streitfrage durch oder nicht. Das ist nicht die Art von Resultaten, bei denen man drumherumreden oder Sie vertrösten kann, «bis Sie soweit sind» oder gar bis zum nächsten Leben.

Und dann sah ich, wie die Kinderlosen Kinder bekamen, aus geschäftlichem Fiasko ein Erfolg wurde und «unheilbare» Krankheiten durch Weissagung und Opferung geheilt wurden. Ich bin zu der Überzeugung gelangt, daß Oludumare (GOTT) weiß, daß es leichter ist, einen Glauben anzunehmen, wenn dadurch handfeste Resultate erzielt werden. Darum bietet er seinen Anhängern nicht bloß die Richtlinien, mit deren Hilfe sie ihr Leben verbessern können, sondern stützt ihren Glauben durch positive praktische Ergebnisse im Alltag.

Die drei fundamentalen Bausteine von Ifa sind: Verehrung der Orischa, Ahnenverehrung und Weissagung.

Die Orischa

Die Orischa sind Energie, die größtenteils die verschiedenen Aspekte der Natur repräsentiert. Oschun (Aussprache: O-SCHUN): Süßwasser, Liebe, Geld, Empfängnis; Schango (Aussprache: Schan-GO): Donner und Blitz, Strategie – er ist der Krieger; Eschu: Bote für Oludumare (den einzigen GOTT), Herr über Straßen und Gelegenheiten, Herr über *Asé* (spirituelle Energie); Jemonja/Olukun (Aussprache: Jeh-MO-scha/O-lu-KUN): der Ozean, die Mutter, Quelle des Reichtums; Obatala (Aussprache: O-BA-tala): der Kopf, Klarheit, höchste Rechtsinstanz; Oja (Aussprache: Oi-JA!): Marktplatz, Wirbelstürme, Wechselfälle des Schicksals – sie ist die Kriegerin; Ogun: Herr über alle Metalle, grimmiger Kämpfer, Ehre und Integrität.

Als Teile eines einzigen komplexen universalen Körpers haben wir Anteil an *allen* Energien. Denn entsprechend der Weltsicht des Ifa sind wir zwar in erster Linie menschlich, aber ebenfalls Fels, Löwe, Baum, Ozean. Durch die Verehrung der Orischa kann jeder von uns sein eigenes kleines Quantum einer bestimmten Energie gezielt vergrößern und stärken. Beispielsweise würde eine Frau, die gern ein Kind haben möchte, höchstwahrscheinlich versuchen, Zugang zur Energie von Oschun zu bekommen, Orischa des Süßwassers, der Liebe, des Geldes und der Empfängnis. Jemand, dessen Kopf voll ist von Sorgen und Problemen, würde gewiß versuchen, sich die Energie von Obatala, Orischa des Kopfes, der Gerechtigkeit und des klaren Denkens zunutze zu machen. Durch die Anrufung der Orischa können wir unsere Fähigkeit, bestimmte Situationen in unserem Leben zu ändern oder zu verbessern, auf genau berechenbare Weise steigern.

Ifa lehrt außerdem, daß bei jedem von uns eine der Orischa-Energien dominant ist. Diese bezeichnen wir als unseren Schutz-Orischa. Einen unbefangenen Umgang mit den Charakteristika dieser Energie zu lernen und sie uns auf sinnvolle Weise zugänglich zu machen ist ein bedeutsamer Schritt für ein erfolgreiches Vorankommen auf unserem persönlichen Weg. In Teil zwei werden Sie erfahren, wie Sie Ihren ganz persönlichen Schutz-Orischa ermitteln können.

Ahnenverehrung

Ahnenverehrung ist ein genau festgelegtes Ritual mit dem Ziel, Kontakt aufzunehmen mit Wissen, Weisheit und Kraft unserer verstorbenen Blutsverwandten. Entsprechend dem Verständnis von Ifa kann Energie – unser aller Essenz – nicht geschaffen oder zerstört werden. Die Energie und Weisheit unserer toten Blutsverwandten ist auf einzigartige Weise mit uns verbunden und für uns verfügbar. Nicht nur RNA oder DNA sind das Bindeglied zu unserer Vergangenheit, sondern auch diese Leitbahn der Energie und Kraft, die denen von uns zur Verfügung steht, die die Rituale kennen und praktizieren.

Weissagung

Im Ifa glauben wir, daß unser Geschick oder das Muster, nach dem unser Leben abläuft, bereits entworfen ist, bevor wir geboren werden; und daß es ferner durch die aus der Weissagung gewonnene Information möglich ist, etwas über unsere Zukunft und über das, was bei all unseren Unternehmungen herauskommen wird, zu erfahren. Wir glauben, daß wir die Muster, nach denen unser Leben abläuft, durch Opfergaben und Gebete zu unserem Vorteil verändern können.

Ifa lehrt, daß es mit Ausnahme des Tages der Geburt und des Tages, an dem man sterben muß, kein einziges Geschehnis gibt, das nicht vorhergesagt und, wenn nötig, geändert werden könnte. Alles andere würde Prädestination bedeuten, was der Ifa-Vorstellung, daß «wir unseren Kopf krönen», zuwiderliefe.

Im Unterschied zu anderen Paradigmen wie Astrologie, I-Ging oder Tarot teilt das Ifa-Orakel uns mit, was voraussichtlich passieren wird, falls wir nichts unternehmen, um unsere Lage zu ändern. Es sagt uns also nicht nur die Zukunft voraus, es bietet zugleich Gelegenheit, diese zu verändern!  Durch das Kenntlichmachen eines möglichen Problems oder eines möglichen Glücksfalls kann der Babalawo die zur Veränderung oder Verstärkung nötige Energiequelle genau bestimmen und außerdem seinem Schützling ein ganz bestimmtes Ritual für den Zugang zu der Energie (dem Orischa) an die Hand geben, die zum Erreichen des Ziels beiträgt. Die erste und wichtigste Weissagungsmethode ist jene, die unter Verwendung von *Ikin* durchgeführt wird, einer Art von Palmnüssen, die geworfen werden, um eine Serie von acht binären Symbolen zu erhalten. Diese Symbole, *Odus* genannt, können geradezu als die Überschriften der Kapitel im heiligen Buch der Ifa-Weissagung betrachtet werden. Jedes Odu steht in Beziehung zu besonderen Geschichten, die über Jahrtausende in mündlicher Überlieferung von einem Babalawo zum andern weitergegeben worden sind.

Der Babalawo ermittelt die spezifischen Odus, die der gegenwärtigen Situation eines Klienten entsprechen, durch

Auslegung der acht binären Zahlen. Diese erste Deutung zeigt, welches grundlegende Odu im betreffenden Moment für den Klienten in Kraft ist. Danach kann er durch eine Reihe weiterer Orakelwürfe die Einzelheiten eruieren, die für den Klienten von Belang sind. Erfahrenen Babalawos ist klar, daß das eigentliche Thema, der Kern all dessen, was ihrem Klienten zu schaffen macht, häufig nicht das Problem ist, wegen dem er um Hilfe bat. Zum Beispiel mag es sein, daß ein Mann zum Babalawo kommt, weil seine Geschäfte schlecht laufen und er sich finanziell unter Druck fühlt. Die Deutung des Orakels läßt bei ihm aber womöglich erkennen, daß seine eigentlichen Probleme im familiären Bereich liegen und daß diese innere Belastung zu einer Störung seines Energieflusses geführt hat – mit dem Ergebnis, daß er seine Arbeit vernachlässigt oder unzulänglich ausgeführt hat. Der verständige Babalawo kann das Grundproblem erkennen und Möglichkeiten vorschlagen, wie es sich beheben ließe. Die sekundären Probleme werden sich daraufhin ganz von allein erledigen.

Es ist wichtig, zu unterscheiden zwischen der durch das Odu ergehenden Forderung nach Opfern oder *Ebos*, um bestimmte Schwierigkeiten oder Bedingungen zu beeinflussen, und der Betrachtung des Odu an sich. Auf gewisse Weise stellen die Probleme, die potentiellen Gefahren oder die glücklichen Umstände, die im Laufe der Weissagung erkennbar werden, die Fallgruben oder aber die unerwarteten Belohnungen auf dem Weg eines Menschen dar. Obwohl die Straßensperren natürlich aus dem Weg geräumt werden müssen, ist das, was der Klient wirklich braucht, das Erkennen seines oder ihres wahren Lebensweges. Diese Vorstellung bringt folgendes Joruba-Sprichwort besonders gut zum Ausdruck:

Eniti o ru bo ti ko
gba ewo bi eni f'owo
ebo s'ofil o ri.

Wer sein Opfer darbringt, jedoch das Tabu nicht beachtet, steht nicht besser da, als hätte er das Geld, das er für das Opfer aufgewandt hat, fortgeworfen.

Bei der zweiten Methode der Weissagung, von der der Babalawo Gebrauch macht, wird die *Opele* verwendet, eine aus acht halbierten Samenhülsen bestehende Kette, die mit einem einzigen Wurf die acht Symbole liefert, die nötig sind, um das eine Odu zu bestimmen, das für die Probleme oder Wünsche des Klienten von Bedeutung ist. Üblicherweise wird die *Opele* bei alltäglichen Problemen verwendet, während die *Ikin* zur Initiation und für ernste Anlässe gewählt werden.

Die Harmonie von Spirituellem und Materiellem

Fundamentales Prinzip von Ifa ist, daß unsere materielle und unsere spirituelle Seite keine eigenständigen Wesenheiten sind, die getrennt voneinander bestehen und einander Konkurrenz machen, sondern daß beide ihren Zweck nur erfüllen können, wenn sie zusammenwirken.

Wir sind weder in Sünde noch schuldbeladen geboren worden, und wir haben nur eine Pflicht: das Beste aus unserem Potential zu machen. Falls jemand den Wunsch hat, reich zu sein (und Ifa betrachtet materielle Güter als Segen) – gut so. Wenn ein anderer den Armen helfen möchte – auch

Ein Babalawo aus Benin, Nigeria.

gut. Im Ifa kommt es nicht so sehr darauf an, *was* Sie tun, sondern *wie* Sie es tun. Wenn Sie es gut tun, in Harmonie mit dem Universum und in Einklang mit Ihrer Bestimmung, werden Sie dabei lernen und dadurch wachsen. Ifa bietet Ihnen die Möglichkeit, Freude und Erfüllung zu finden, und Sie haben die Pflicht, innerlich zu wachsen und Weisheit anzustreben.

Ifa zeigt keine große Neigung, uns auf absolute moralische Wahrheiten zu verpflichten. Wir glauben nicht, daß Gott Befehle gab wie: «Du sollst nicht stehlen!» Oder: «Du sollst nicht den Regenwald abholzen!» Oder: «Du sollst nicht deines Nächsten Frau begehren!» Gott hat uns den Verstand gegeben, und Ifa möchte, daß wir ihn auch gebrauchen. Über Generationen hinweg herangewachsene Bäume werden wir dann nicht fällen wollen, wenn andernfalls unseren Kindern oder Enkelkindern womöglich keine Luft mehr zum Atmen bliebe. Wir stehlen nicht und verkehren nicht sexuell mit der Frau unseres Nachbarn, weil wir sonst auch unseres eigenen Besitzes und unserer eigenen Frau nicht mehr sicher wären.

Im Ifa glauben wir an den Gebrauch des gesunden Menschenverstandes in einer ausgewogenen Art und Weise. Bloß unsere rationale oder bloß unsere spirituelle Seite zu nutzen wird ausnahmslos zu schlechten Resultaten führen. Eine strikte Unterscheidung oder Trennung zwischen praktischem Verstand und höheren geistigen Funktionen lehnen wir ab. Wir meinen, daß die linearen und die nichtlinearen, die praktischen und die spirituellen, die analytischen und die emotionalen Komponenten unseres Daseins weder voneinander getrennt noch gegensätzlich sind. Sie sind Partner, die gemeinsam zu dem freudvollen Unterfangen beitragen, ein erfülltes und weises Leben in Harmonie mit dem Universum zu führen.

2 AHNENVEREHRUNG
Mit der Vergangenheit arbeiten, um die Zukunft zu verbessern

Die Bedeutung der Ahnenverehrung
liegt in dem Wissen,
welches sie uns vermittelt:
daß unser gegenwärtiges Dasein nicht
«alles ist».

Die Weltsicht des Ifa kann man sich als die spirituelle Entsprechung zu Einsteins Relativitätstheorie vorstellen. Unser Glaube an die Ahnenverehrung und deren Ausübung überbrückt die zeitliche Kluft, die laut Einsteins Überzeugung zwischen Vergangenheit, Gegenwart und Zukunft existieren muß. Im Ifa sind wir uns bewußt, daß die unsichtbare Welt unserer verstorbenen Ahnen sich mit der sichtbaren Welt der Natur und der menschlichen Kultur verbindet und eine einzige organische Wahrheit bildet. Das Ritual der Ahnenverehrung kann tiefgreifende, genau feststellbare Veränderungen in unserem Alltag mit sich bringen. Doch viele stehen dieser Vorstellung ablehnend gegenüber.

Vor einigen Jahren beispielsweise kam eine Klientin zu mir, Anfang Vierzig, die in Philosophie promoviert hatte. In akademischer wie auch in persönlicher Hinsicht galt ihr Interesse den nichttraditionellen Formen von Weissagung, und sie war dabei, entsprechendes Material für ein Buch darüber zu sammeln. Die Schönheit und die Kraft von Ifa reizten sie sofort, und innerhalb von gerade mal ein paar Monaten hatte sie ihre Krieger erhalten (Eschu, Oschoschi, Ogun und Oschun) und verschiedene andere kleine Initiationsriten mitgemacht. Immer wieder staunte sie angesichts der inneren Verbindung, die sie empfand, und der Kraft, die Ifa ihr gab. Sie war so angetan von dem, was sie fühlte, daß sie mir eröffnete, sie wolle Priesterin von Jemonja/Olukun, ihrem Schutz-Orischa, werden.

In dieser Phase kam sie häufig zur Orakelbefragung. Sie führte auch alle ihr aufgetragenen Opferungen durch – mit einer einzigen Ausnahme: Sie war nicht bereit, dem Geist ihres verstorbenen Vaters Gebete und Nahrungsopfer darzubringen. Als die Aufforderung dazu zum ersten Mal an sie erging, erwähnte sie ihre inneren Konflikte mit keinem Wort. Doch Ifa läßt dich einfach nicht entwischen, und so kam die Notwendigkeit, die Ahnen zu ehren – und vor allem ihren Vater – bei jeder Orakeldeutung zum Vorschein.

Endlich brach es aus ihr heraus: «Phil, er war ein nichtsnutziger Kerl; mein ganzes Leben lang hat er auf mir herumgehackt. Die meisten meiner Probleme sind eine direkte Auswirkung seines gefühllosen und gleichgültigen Verhaltens. Ich werde ihm, verdammt nochmal, jetzt nicht meine Liebe darbringen!» – Ich war nicht sonderlich schockiert. Viele von uns haben Ärger mit Angehörigen gehabt, die mittlerweile gestorben sind. Aber ich wollte, daß sie begriff, wie unerläßlich es ist, den Forderungen des Orakels nachzukommen.

«Erstens», entgegnete ich, «macht es keinen Sinn, mit Toten zu streiten. Zweitens gibt es, egal, was für ein Scheißtyp er zu Lebzeiten gewesen sein mag, zwei Dinge, die Sie unbedingt verstehen sollten: Erstens wären Sie ohne ihn nicht hier, und zweitens, was auch immer er einmal ‹war›, er ‹ist› es nicht mehr! *Der* Trip ist vorbei, und jene Erfahrungen sind bloß eine kleine Erweiterung des Erfahrungsbestands aus früheren Leben. Statt daß Sie all diese negative Energie mit sich herumschleppen, die Sie in Ihrem Wachstum und Ihrer Weiterentwicklung behindert, und weiterhin die Liebe verleugnen, die Sie nie ausdrücken durften, können Sie sich jetzt dazu aufraffen, mit *Ihrem* Leben vorwärtszukommen. Und der Weg dazu ist, ihm endlich zu sagen, wieviel Liebe Sie für ihn besaßen, und wieviel Liebe Sie gebraucht hätten. Ich weiß, das wird schwierig sein und wahrscheinlich tiefsitzende Emotionen ans Licht bringen, doch im Ifa heißt es, daß man blockiert und unerfüllt bleibt, solange man die negative Energie nicht auflöst. Der einzige Weg, Ihrem Schmerz ein Ende zu bereiten, ist, jene Liebe zum Ausdruck zu bringen, durch die er bedingt ist. Hätten Sie nicht solche Zuneigung, hätten Sie nicht solche Liebe für Ihren Vater in sich gehabt, und hätten Sie nicht Ihrerseits seine Liebe gebraucht, würden Sie nicht all diese Wut und diesen Schmerz empfinden. Als er starb, glaubten Sie vielleicht, es sei ‹vorbei›. Ist es nicht! Wahrscheinlich hatten Sie das Gefühl, nun sei es zu spät, um noch etwas daran ändern zu können. Ist es nicht! Es ist an der Zeit, dies zu erledigen, damit Sie mit Ihrem Leben vorankommen. Es ist an der Zeit, daß Ihnen seine Liebe zuteil wird.»

Drei Tage später, an einem Sonntagmorgen, rief sie mich an, um mir ihren «Austritt» mitzuteilen. Ich erklärte, aus dem Leben könne man nicht «austreten», man habe nur die Wahl, es voll und ganz zu leben oder nicht. Doch es war an ihr, die Wahl zu treffen. Unabhängig von ihrer Entscheidung besaß

Orischa-Figuren auf dem Hauptschrein in Oshogbo, Nigeria.

sie unsere Liebe und unser Mitgefühl. Ihre Reaktion war zwar extrem, ist jedoch nicht untypisch für die Schwierigkeit, die viele von uns haben, wenn es darum geht, mit unseren Ahnen klarzukommen.

Mein guter Freund und Lehrer Afolabi Epega hat wie die eben erwähnte Frau gleichfalls einen Doktortitel – in Chemie. Afolabi ist ferner ein Babalawo in der fünften Generation, dessen Großvater wohl der berühmteste Babalawo innerhalb der schriftlich dokumentierten Vergangenheit gewesen ist. Als wir uns zum ersten Mal über Ahnenverehrung unterhielten, erzählte Afolabi mir nur folgende Anekdote:

Ich war gerade mitten in der Vorbereitung einer Vorlesung über einige der Geschichten, in denen das heilige Odu eine Rolle spielt, als ich mich unversehens an eine bestimmte Erzählung nicht mehr erinnern konnte. Die Vorlesung sollte in genau drei Tagen stattfinden. In eurem Land könntest du zum Telefon greifen und dir die fehlende Information beschaffen; aber wahrhaftig, über die Dinge, um die es hier ging, wußten lediglich mein Vater, der in Lagos lebte, und mein verstorbener Großvater Bescheid. Damals gab es in Nigeria noch nicht viele private Telefonanschlüsse, daher wäre es unmöglich gewesen, meinen Vater noch rechtzeitig zu erreichen. Sofern ich nicht die gesamte Vorlesung anders aufbauen wollte, mußte ich die fehlende Geschichte ausfindig machen. Also beschloß ich, meinen Großvater auf unsere Art «anzurufen». Ich bediente mich unseres Rituals der Ahnenverehrung, um ihm zu übermitteln, daß ich seine Hilfe bräuchte. In der nächsten Nacht erwachte ich aus tiefem Schlaf und sah meinen Großvater auf meiner Bettkante sitzen. «Was für ein Problem gibt es, Falo?» fragte er. Ich erläuterte ihm meine Lage. Daraufhin hieß er mich Bleistift und Papier holen und erteilte mir die erbetene Auskunft. Als er damit fertig war, brachte ich ihm gegenüber meine Liebe und Dankbarkeit zum Ausdruck, und er die seine mir gegenüber. Dann fiel ich wieder in tiefen Schlaf. Am nächsten Morgen erwachte ich mit vagen Erinnerungen an die vergangene Nacht, doch sie hatten für mich eher einen traumähnlichen als realen Charakter – bis ich einen Blick auf meinen Nachttisch warf und dort meine Notizen sah. Da erinnerte ich mich an den Besuch meines Großvaters. Mein Vorlesungsmanuskript konnte ich nun rasch fertigstellen und meinen Studenten eine umfassende Darstellung geben.

Für nahezu 96 Prozent der Weltbevölkerung sind rituelle Opferungen und Gebete für verstorbene Blutsverwandte ein wesentlicher Bestandteil des täglichen Lebens. Chinesen, Koreaner, Inder, Japaner und Tibeter sowie große Teile der Bevölkerung von Südamerika, Mexiko, Kuba, Bali, Indonesien, Polynesien, der Mongolei, dem ostbaltischen Raum, Island und Neuguinea erweisen ihren Ahnen Respekt und bitten sie um Rat. Doch da die meisten von uns in der westlichen Welt in der jüdischen oder christlichen Tradition erzogen worden sind, die Ahnenverehrung ablehnt, neigen Westler, die erstmals mit Ifa in Berührung kommen, diesbezüglich zur Skepsis. Doch Ahnenverehrung fügt sich perfekt in die ganzheitliche Sicht von physischer und spiritueller Welt ein, die man gewinnt, wenn man Ifa praktiziert.

Man möchte glauben, jeder wäre begeistert, für ein zukünftiges Leben einen «Beweis» erhalten oder die Verläßlichkeit unseres Wissens darüber herausfinden zu können. Wenn man hundert «durchschnittliche» Amerikaner fragt, ob sie an ein Leben nach dem Tod glauben, werden womöglich einer oder zwei mit ja antworten, und fünf oder zehn werden «nein» sagen. Aber ungefähr neunzig Prozent werden einem erklären: «Nun, ich möchte gern, weiß es aber wirklich nicht.» Doch wenn Ifa ihnen eine Möglichkeit bietet, es zu «wissen», verwahren sie sich trotzdem dagegen.

Lassen Sie mich erläutern, was ich mit «wissen» meine. Sie wissen etwas, dessen Sie sich in Ihrem Herzen oder

Ihrem Innersten wirklich gewiß sind. Es ist nicht immer logisch, aber es ist vollkommen real und echt. Zum Beispiel «weiß» eine Mutter, daß sie ihr Kind liebt. Falls irgend jemand oder irgend etwas anfängt, diesem Kind wehzutun, wird sie sofort, automatisch und ohne zu «überlegen» alles in ihrer Macht Stehende tun, um es zu schützen. Selbst wenn sich das Kind danebenbenimmt oder groß wird und sie nicht mehr beachtet, wird diese Liebe nicht wanken. Wissen kommt aus dem Gefühl und aus der Erfahrung. Es läßt sich nicht quantitativ erfassen. Sie wissen es, wenn Sie eine andere Person lieben; Sie wissen es, wenn ein Buch, wenn Musik oder ein Sonnenuntergang Sie bewegt. Sie wissen es, wenn Sie sich richtig fühlen – nicht weil Ihnen jemand alle guten Eigenschaften der Person, die Sie lieben, aufgelistet hat oder den Stil des Buches, die Komposition der Musik oder die Lichtwellen des Sonnenuntergangs erklärt hat, sondern weil Sie es erleben, es fühlen. Logik hat nichts damit zu tun. Tatsächlich ist die Wahrheit, die darin liegt, etwas zu wissen, viel kraftvoller, genauer und vertrauenswürdiger als der lineare Prozeß des «Lernens» oder «Verstehens».

Ahnenverehrung wird Ihnen das Wissen vermitteln, daß das Leben ein Kontinuum ist, indem sie Sie in die Lage versetzt, tatsächlich mit der Energie Ihrer verstorbenen Familienangehörigen Verbindung aufzunehmen und die tiefen Gefühle zu empfinden, die dieser Kontakt hervorruft. Das ereignet sich möglicherweise nicht in einer Ihnen vertrauten Form – Sie werden vielleicht nicht Ihren Großvater auf der Bettkante sitzen vorfinden –, aber es wird nichtsdestoweniger wirklich und echt sein. Nicht ein Produkt imaginärer Wunscherfüllung oder Hysterie, wird es als unabweisbare Gewißheit der nichtlinearen Seite von Wirklichkeit offenbar werden.

Weshalb haben wir solche Angst vor dieser Gewißheit? Die Antwort ist, glaube ich, daß wir durch die tatsächliche Erfahrung dieses Zugangs zu anderen Welten gezwungen sind, die Fundamente und Prämissen, auf denen wir unser Leben aufgebaut haben, in Frage zu stellen – Fragen, die Veränderung fordern. Und es liegt in der menschlichen Natur, sich Veränderungen zu widersetzen.

Versuchen Sie sich einmal vorzustellen, welche Art von Entscheidungen Sie treffen würden, falls Sie wüßten, daß Sie weitere Leben hätten. Denken Sie an die Vielzahl kurzfristiger Entscheidungen, die Sie jetzt fällen. Wenn Sie glauben, nur dieses eine Mal hier zu sein, dann macht es schließlich irgendwo Sinn, Ihr Leben mit der Erfüllung all Ihrer Wünsche und Bedürfnisse vollzupacken. Wachstum und Entwicklung erscheinen da weniger wichtig als Besitzanhäufung und Luxus. Die Staatsverschuldung, die Zerstörung der Umwelt, die Ausrottung von Pflanzen- und Tierarten, schnelle Autos und Fast food – all das sind Produkte der Fixierung unserer Kultur auf das «Jetzt gleich». Wenn Sie jedoch wüßten, daß Sie nicht nur dieses eine Mal hier sind, würden Sie höchstwahrscheinlich nicht den Regenwald abholzen, die nichterneuerbaren Rohstoffe aufbrauchen oder die Flüsse und Ozeane vergiften. Gesetze werden Sie nicht davon abhalten, Ihre Imbißtüte aus dem Autofenster zu schmeißen, doch wenn Sie begreifen, daß Sie für Ihr eigenes Überleben auf lange Sicht einen gesunden Planeten Erde brauchen, wird Sie das womöglich nicht nur vom Wegschmeißen der Tüte abhalten, sondern wahrscheinlich dazu führen, von vornherein Ihrem Körper weniger Fast food zuzumuten.

Durch die Ahnenverehrung ermöglicht Ifa es Ihnen, das Leben als Kontinuum zu erfahren. Und sobald Sie das einmal getan haben, wird nichts mehr so sein wie zuvor. Die entsprechenden Veränderungen in der Einstellung und der Lebensführung, die bei nahezu jedem zu verzeichnen sind, der eine sogenannte Nahtodes-Erfahrung durchlebt hat, also die andere Dimension erfahren hat und wieder hierher zurückgebracht wurde, zeugt vom Effekt dieses Wissens. Man muß nicht sterben und wieder zum Leben erweckt werden, um das zu erfahren; Ahnenverehrung ist unsere Verbindung zur Vergangenheit und unsere Straßenkarte in eine bessere Zukunft.

Wie man es macht

Das eigentliche Ritual der Ahnenverehrung ist äußerst simpel. Alles, was Sie für die Durchführung des Grundrituals brauchen, ist ein sauberes Glas, naturbelassenes Wasser, eine weiße Kerze und genug Disziplin, um an sieben aufeinanderfolgenden Tagen dreizehn Minuten täglich zu erübrigen. Sieben Tage lang zünden Sie, jeden Tag genau zur gleichen Zeit, die Kerze an und sprechen Gebete für Ihre blutsverwandten Ahnen. Jeden Namen rufen Sie dreimal, und nachdem Sie Ihre Liebe und Ihre Danksagungen dargebracht, Wasser zur Kühlung und Erfrischung, und die Kerze, um Licht und Energie zu spenden, geopfert haben, dürfen Sie ihnen Ihre Probleme vortragen. Damit ist nicht gemeint, daß Sie sie um ein neues Paar Schuhe bitten oder darum, daß Ihr Freund bzw. Ihre Freundin Sie heute nacht anruft. Nur in wirklich schwierigen Lebenslagen bitten wir unsere Ahnen um Intervention. Jobverlust, Krankheit, das Ende einer Beziehung – das sind Situationen, in denen es angemessen ist, ihre Hilfe zu erbitten. Wenn keine ernsthaften Probleme anliegen, dann bitten Sie sie einfach um ihren Schutz und ihre Führung, um Gesundheit und Wohlstand für sich und Ihre Lieben. Meine Gebete zum Beispiel gehen ungefähr so:

Ajuba (Segenswünsche) für alle meine dahingeschiedenen Ahnen. Besondere Segenswünsche und Dank meinem Vater Mortimer Neimark, meinem Vater Mortimer Neimark, meinem Vater Mortimer Neimark. Auch meiner Mutter Hortense Neimark, Hortense Neimark, Hortense Neimark; meinem Sohn Adam Neimark, Adam Neimark, Adam Neimark und all meinen Kindern, die nicht geboren werden konnten; meinen Großeltern John und Lilian Peters, John und Lilian Peters, John und Lilian Peters; Charles und Etta Neimark, Charles und Etta Neimark, Charles und Etta Neimark; meinen Großonkeln Stanley Neimark, Stanley Neimark, Stanley Neimark, Arthur Peters, Arthur Peters, Arthur Peters, Norman Peters, Norman Peters, Norman Peters; meinen Großtanten Genevieve Neimark, Genevieve Neimark, Genevieve Neimark und Lucy Ribback Peters, Lucy Ribback Peters, Lucy Ribback Peters; meiner Urgroßmutter Nancy Peters, Nancy Peters, Nancy Peters wie auch all denen, deren Namen ich nicht weiß, deren Blut jedoch in meinen Adern fließt. Bitte nehmt dieses schöne klare Wasser entgegen, auf daß ihr es kühl und angenehm haben möget. Bitte nehmt das Licht und die Energie entgegen, auf daß euch Helligkeit und Stärke gegeben sein mögen. Ich liebe euch und vermisse eure Gegenwart hier auf Erden; aus eurer fortbestehenden Energie und eurer Fähigkeit, mich zu führen, gewinne ich jedoch Stärke und Weisheit. Möge diese Führung weiterhin meine Pfade und Wege und die Pfade und Wege derer, die ich liebe, öffnen. Möge eure Stärke und Energie mir und denen, die ich liebe, Gesundheit verleihen. Möge eure Weisheit meinem Zuhause Liebe und Wohlstand bescheren.

Das ist bloß ein Grundriß, und ich denke, wenn in Ihrem Leben viel los ist, werden Sie feststellen, daß Ihre Gebete komplexer sind. Außerdem kann man das Szenarium großzügig ausgestalten. Die meisten Priester, die ich kenne, stellen einen Tisch in eine Zimmerecke und bringen darauf so viele Fotografien ihrer Ahnen unter wie möglich. *Eine kurze Warnung:* Auf den Bildern sollten lediglich *verstorbene* Verwandte vertreten sein; Sie selbst können auf den Bildern zu sehen sein, doch kein anderes lebendes Wesen, damit er oder sie sich nicht unter die Verstorbenen einreiht. Auch können Sie etwas von den Dingen, die Ihre Ahnen besonders mochten, mit auf den Tisch stellen. Zum Beispiel liegen auf meinem Tisch «Parliament»-Zigaretten für meine Mutter und meinen Vater, Karten für all jene, die Bridge und andere Spiele mochten, Kaffee für jeden von ihnen nebst einer gelegentlichen Zigarre, Früchten, Bonbons, Honig oder allem möglichen anderen, von dem ich das Gefühl habe, sie könnten es mögen.

Seien Sie sich darüber im klaren, daß, wenn Sie sich mit einem speziellen Problem an Ihre Ahnen wenden, die Lösung in vielerlei Gestalt auftreten kann. Möglich, daß einer Ihrer Ahnen Ihnen im Traum erscheint und einen Vorschlag macht oder einen Rat gibt. Vielleicht haben Sie einen plötzlichen Geistesblitz und verstehen das Problem, oder das Problem hört ohne ersichtlichen Grund einfach auf, eines zu sein. Wenn Sie Ihre Ahnen um Hilfe bitten, ist es daher wichtig, offen und bewußt zu sein und stets einen Bleistift und Papier neben dem Bett bereitzuhalten, so daß Sie, wenn Sie aus einem Traum erwachen, alles Wichtige rasch aufschreiben können, bevor es in der Morgendämmerung verschwindet.

Ein paar Antworten auf Fragen, die Sie gewiß haben werden:

Lasse ich die Kerze weiterbrennen?

Können Sie, doch notwendig ist es nicht. Sie können die Kerze nach den dreizehn Minuten ausmachen und am nächsten Tag erneut anzünden.

Erneuere ich das Wasser?

Nein. Das frische, naturbelassene Wasser (Quellwasser aus der Flasche beispielsweise) sollte auf den Altar gestellt werden und im Laufe von sieben Tagen verdunsten. Dies symbolisiert, daß Ihre Ahnen davon trinken.

Muß ich bei Nacht beten?

Nein. Sie können es zu jeder Tages- oder Nachtzeit tun. Aber falls Sie es beim ersten Mal um sechs Uhr morgens tun, müssen Sie es auch an jedem der restlichen sechs Tage genau um sechs Uhr morgens tun. Falls Sie es einmal «nicht auf die Reihe kriegen», beginnen Sie von vorn.

Kann ich es über eine kürzere oder längere Zeit hinweg tun?

Innerhalb unseres Glaubenssystems gibt es Anlässe, die Ahnenverehrung drei, vierzehn, siebzehn oder einundzwanzig Tage lang durchzuführen. Dies geschieht dann aus speziellen und ausgesprochen esoterischen Gründen. In neunundneunzig Prozent der Fälle sind sieben Tage der korrekte Zeitraum.

Muß ich unbedingt Bilder aufstellen?

Nein. Sie müssen nicht einmal einen regelrechten Altar haben. Alles, was Sie brauchen, ist das Wasser, die Kerze und Ihre Gebete.

Wie ist es, wenn ich auf Reisen bin?

Falls Sie während der sieben Tage wegfahren, setzen Sie die Sequenz einfach fort, wo immer Sie sich gerade aufhalten. Stellen Sie sicher, daß der Zeitpunkt tatsächlich dem entspricht, den Sie zu Hause gewählt hatten. Falls Sie beispielsweise jeden Abend um 23 Uhr 14 in Chicago gebetet haben, würden Sie um 00 Uhr 14 in New York oder um 21 Uhr 14 in Los Angeles beten. Denken Sie daran: Sie können es überall tun – bei einem Freund, im Hotel oder in Ihrem kleinen Sommerhaus.

Kann ich ständig eine Kerze brennen lassen?

Ja. Sie können mit Ihrem Altar so verfahren, wie es Ihnen zusagt. Sie können die Früchte, Getränke und Geschenke täglich oder wöchentlich ergänzen, wie es die meisten

Menschen tun. Die förmliche Ahnenverehrung jedoch findet jeden Monat an sieben aufeinanderfolgenden Tagen statt. Zu einer davon abweichenden Regelung käme es lediglich, falls bei Befragung des Orakels durch einen Babalawo die Notwendigkeit ersichtlich würde, zur Lösung eines speziellen Problems anders vorzugehen.

Ich hatte eine Freundin, die mir ebenso nahe oder sogar näher stand als meine Verwandten. Ich nannte sie «Tante». Ist es möglich, sie in meine Verehrung einzubeziehen?

Nein. Nur Blutsverwandte dürfen auf diese Weise verehrt werden.

Ahnenverehrung macht zu einem Drittel die Kraft von Ifa aus. Sie erfordert keine Initiation, keinen Wechsel der Konfession, keinen Kostenaufwand. Sie ist etwas, das jeder tun kann. Sie ist ein kraftvolles Mittel, um deutlich wahrnehmbare positive Veränderungen in unserem Leben in Gang zu setzen. Ebenso wirkungsvoll vermittelt sie uns die Gewißheit, daß das Leben kein vereinzeltes, zufälliges Ereignis ist, sondern ein kontinuierlicher Prozeß, der unzählige Möglichkeiten und Freuden bereithält.

3 DAS OPFER

Para Oluku oko, Odede, Oluko Ada li o difa f'Orunmila nigbi oun mi bowa si ode aye won ni koniite titi. Ewure, eku ati eja li ebo. Orunmila gbo ebo o ru, nito naa lati igbati a ti da aye, Orunmila ko te titi o fidi oni oloni yi. Orunmila lioda ile, Oun lioko tee. Oun li o ko awon Awo ni Eko Ifa tiosifi awon odu si aye won si besibe oun kiiko etyididi si ebo tiaba yan fun un nito to oun ti fihan gbogbo eda alaaye pe: A kiigbaisebo ki ara kioro ni. Nibi pupo ninu Eko Ifa li a si nri apeere rere re pe: Omo eniyan ko le gbaisebo ki ara o roo. Ati pe: Ebo kekeke nii ngba alaiku la. Eniti o ba si ni ire liomaa ns ebo, eniti o basi feran iwa ooresise paapaa fun awon alaini, oun paapaa ko niiye ni idunnu.

Para, der Freund von Oko der Hacke, und Odede, der Freund von Ada dem Buschmesser, machten eine Weissagung für Orunmila, als dieser auf die Welt kam. Ihm wurde vorhergesagt, er werde sein Ansehen niemals einbüßen. Ihm wurde aufgetragen, als Opfergabe eine weibliche Ziege, eine Ratte und einen Fisch darzubringen, und das tat er; von da an bis auf den heutigen Tag genießt Orunmila allerhöchstes Ansehen. Orunmila erschuf die Erde. Als erster betrat er sie; er bildete die Schüler aus und setzte sämtliche Odus an die ihnen zukommenden Stellen. Ungeachtet all dessen versäumte er es nie zu opfern, weil er den Menschen einen Beweis geliefert hatte für A kiigbaisebo ki ara ki oro'ni.

(Überall in den Lehren des Ifa ist klar zum Ausdruck gebracht worden, daß Menschen nicht ohne Opfergaben in Frieden leben können.) Kleine Opfergaben können einen vorzeitigen Tod verhindern. Opferungen gewährleisten stets Erfolg.

Ogbetura

45

Das Opfer ist eine Möglichkeit, jedwede positive Entwicklung, die in Ihrem Leben unterbrochen worden ist, wiederzubeleben *und* von Oludumare (unserem GOTT) generelles Wohlergehen zu erlangen. Es gibt drei Arten von Opferung – *Ebo, Etutu* und *Ipese.*

Ebo

Ein *Ebo* ist, einfach ausgedrückt, die Darbringung von einzelnen Opfergaben an die Orischa, die göttlichen Abgesandten, die Oludumare unsere Bitten oder Wünsche übermitteln. Opfer können beispielsweise Ogun, Obatala, Eschu, Ifa, Oschun oder Ori dargebracht werden. Welche speziellen Opfergaben man dem einzelnen Orischa offeriert, hängt von dem Problem ab, um das es geht, und von dem Orischa, der zufriedengestellt werden soll. In Teil zwei werde ich bestimmte *Ebos* für jeden Orischa empfehlen.

Etutu

Etutu sind Opfergaben für unsere Ahnen oder *Egungun.* Ifa glaubt, daß es, gleichgültig was wir im Leben tun, unverzichtbar ist, zum Unterhalt unserer Ahnen beizutragen. Durch *Etutu* wird diese spirituelle Verbindung hergestellt. Ifa dringt darauf, daß wir uns in andauernder geistiger Kommunikation mit unseren *Egungun* befinden.

Ipese

Ipese sind Opfer, die den *Aje* (Hexen) und den *Ajogun* (gute und schlechte, von dem Orischa Eschu kontrollierte Energien) dargebracht werden. Diese Opfergaben hinterläßt man gewöhnlich an einer *Orita* (Wegkreuzung). Ifa glaubt, daß Hexen und Zauberer lebendige Menschen sind wie Sie und ich, und aus diesem Grund werden die für sie bestimmten Opfergaben normalerweise im offenen Gelände dort hingestellt, wo des öfteren Menschen vorbeikommen.

Wie das folgende heilige Ifa-Odu (Gebet) bekräftigt, senden wir durch das Ausführen einer Opferung unwissentlich die Orischa und Ori Apere (den Geist, der das Schicksal kontrolliert) auf spirituelle Missionen. Diese Missionen übersteigen unser menschliches Begriffsvermögen, bewahren uns jedoch vor den üblen Machenschaften der *Ajogun* und der *Aje.*

Sakiti ni ngboju aro
Ikasi omini o kan boroboro
Ogun ajaju ni o j'omo o m ojo orori baba
Ogun ajaju ni o j'omo o m oju orori yeye
A difa fun Ogunnulola i yoo loyun Osanyin sinu
Igbati yoo bi o bi Egbe
O'bi ajabo [oder owo]
O'bi afeiri [oder isiju]
O wa bi Ebo tii se omo ikehin won lenjelenje
Nijo o buro, egbe rebi, Egbe o si nile
Ajabo o tile si nile rara
Ojo o buro, Ebo nii gbe ni yo.

Sakiti (eine Staubschicht) überdeckt die ortstypische
   Farbe
Über Nacht geschöpftes Wasser wird nicht leicht sauer
Ständiger Krieg verhindert, daß das Kind weiß, wo sich
   das Grab seines Vaters befindet
Ständiger Krieg verhindert, daß das Kind weiß, wo sich
   das Grab seiner Mutter befindet
Wie für Ogunnulola schon bei der Empfängnis durch
   Oschonjin geweissagt
Gebar Ogunnulola Egbe [die Fähigkeit, dem Blick zu ent-
   schwinden]
Gebar Ogunnulola Ajabo [die Fähigkeit, im Aufruhr si-
   cher zu sein]
Gebar Ogunnulola Afeiri [die Fähigkeit, sich unsichtbar
   zu machen]
Gebar Ogunnulola Ebo [Opferung]
An einem Tag des Aufruhrs verreiste Egbe
An einem Tag des Aufruhrs war Ajabo dauernd fort
An einem Tag des Aufruhrs war Afeiri nirgends zu finden
Im Aufruhr ist Ebo [Opferung] der Retter aus der Not.

Opfer darzubringen ist für das menschliche Wohlergehen
unerläßlich. Buchstäblich Tausende von Dingen werden als
Opfergaben verwendet, so auch Geld, Früchte, Alkohol,
Kolanüsse, Palmöl, Butter aus den Samen des Shea-Baums,
Messer, Matten – eben alles, was einem einzelnen Orischa
oder den *Aje* und *Ajogun* vielleicht zusagen könnte. Immer
dann, wenn ein ernstes Problem vorliegt, wenn es für eine
bestimmte Person um Leben und Tod geht oder wenn eine
Initiation stattfinden soll, wird zur Opferung jeweils auch
ein Blutopfer gehören. Dies erschreckt Menschen aus dem
Westen mehr als jeder andere Aspekt des Ifa, und oftmals ist

es dieser Punkt, auf den sie sich beziehen, wenn sie das Ganze verwerfen. In den nahezu drei Jahren, die ich versuchte, vom IRS (Internal Revenue Service = Finanzbehörde) und dem Justizministerium den Status einer Religion und die Genehmigung zu ihrer Ausübung zu erhalten, war die höchste Hürde, die ich überwinden mußte, ihre Besorgnis bezüglich der Blutopfer. Zu guter Letzt verhielten sie sich fair und räumten meiner Ifa Foundation of North America den vollen Status einer Religion ein.

Meine persönliche Erfahrung ist die, daß niemand, so sehr er auch «moralisch» Tieropfer ablehnen mag, auch nur einen einzigen Moment zögert, sich dessen Wirkung zunutze zu machen, wenn alle anderen Versuche gescheitert sind. Die Mutter, deren Kind im Sterben liegt, der Mann, dem der Verlust seines Jobs oder der Bankrott seines Unternehmens droht, die Frau, der ein möglicherweise vernichtendes Gerichtsverfahren bevorsteht – sie alle haben überhaupt nicht die geringsten Bedenken gegen den Einsatz des Blutopfers zur Lösung von unlösbar erscheinenden Problemen.

Dabei sind den verschiedenen Problemen jeweils verschiedene Tiere zugeordnet:

- Schafe und Tauben für ein langes Leben
- Henne oder (weibliche) Ziege, um eine Ehefrau zu bekommen
- Hahn, Ziegen- oder Schafbock, um einen Ehemann zu bekommen
- Hahn, Ziegen- oder Schafbock, um Feinde zu besiegen
- Hahn, Ziegen- oder Schafbock für gute Gesundheit
- Tauben in Geldangelegenheiten, insbesondere acht weiße Tauben für Obatala

49

- Henne oder Ziege, um Kinder zu bekommen
- Hahn, Ziegen- oder Schafbock bei Gerichtsverfahren
- Schafbock, Ziegenbock, Hahn oder Schildkröte, um ein Mißgeschick zu verhindern
- Schwein, Perlhuhn oder Fisch, um wohlhabend zu werden
- Enten, Hähne, Hennen oder Ziegen, um viele Kinder und Enkelkinder zu bekommen

Wie für die meisten Amerikaner waren meine Erfahrungen mit dem Tod, bevor ich mich auf Ifa einließ, stets ein bißchen surreal gewesen. Tod war etwas, das es zu meiden galt. Von unseren Beerdigungen bis zu unseren Supermärkten ist alles darauf angelegt, den Tod zu tarnen und zu maskieren. Während meine Urgroßmutter wohl noch hinaus auf den Hof gegangen ist, sich eine Henne geschnappt, ihr den Hals umgedreht, ihre Federn gerupft und sie zum Essen zubereitet hat, bestand meine einzige Erfahrung mit toten Tieren darin, sie im Kühlfach unseres örtlichen Supermarktes zu sehen. Das Huhn oder der Braten, sorgsam auf Styropor-Unterlage abgepackt, weist wenig Ähnlichkeit mit dem lebenden Tier auf. Ebenso bei Beerdigungen. Wir distanzieren uns vom Tod. Der Verstorbene ist in einer Weise hergerichtet und eingekleidet, daß er so «lebensecht» wie möglich wirkt. So wollen wir es haben.

Wir sperren uns dagegen, bewußt wahrzunehmen, daß der Körper eines Verstorbenen lediglich eine leere Hülle ist. Statt dessen hängen wir an ihm, als käme es auf ihn an – selbst dann noch, wenn er völlig ohne Leben und Energie ist. Der Tod ist unser Erzfeind, daher tun wir so, als existiere er nicht. Im Verständnis von Ifa können Sie nicht in einem wahren

Sinn lebendig sein, wenn Sie nicht und solange Sie nicht den Tod verstehen. Und das Tieropfer ist Teil dieses Verstehens. Das Blutopfer, so furchterregend und abstoßend es für die, die es nicht verstehen, sein mag, ist unbedingt notwendig, falls es zu einer tiefgreifenden Veränderung kommen soll. Es wäre weitaus einfacher für einen europäischen oder amerikanischen Babalawo des 20. Jahrhunderts wie mich, zu sagen: «Das Blutopfer mag vor Hunderten oder Tausenden von Jahren wichtig und akzeptabel gewesen sein, aber in der ‹aufgeklärten› Welt von heute reichen simple Opfergaben wie Früchte und Wein.» Das wäre bequemer, ja, aber es wäre nicht wahr.

Im Ifa bringen wir Opfer lediglich zur Vervollkommnung oder zur Rettung menschlichen Lebens dar. Wir schätzen das Leben von Tieren hoch ein – doch den Wert des menschlichen Lebens schätzen wir höher. Wenn ein Tieropfer erforderlich ist, wird das Tier mit Respekt, begleitet von Gebeten und so schmerzfrei wie möglich getötet. Wir verstehen, was das Tier für uns aufgibt, und sind dankbar dafür. Für jene, die es vergessen haben sollten: Das war genau die Botschaft, die der Tod von Jesus Christus uns übermitteln sollte – daß durch seine Aufopferung unser Leben eine Entwicklung zum Besseren nehme. Ich kann Ihnen versichern, daß die Tiere, die in Ihrem Supermarkt in diesen sterilen, umweltbelastenden Verpackungen liegen, nicht mit Respekt behandelt und ohne begleitendes Gebet getötet worden sind. Die Ifa-Anhänger halten das, und nicht die Tieropferung, für sinnloses Abschlachten.

Ich bin der Meinung, daß ein Teil unserer Angst vor dem Opferungsritual in Wirklichkeit Angst vor Gefühlen ist. In unserer Kultur machen wir fast ausschließlich von der linken (oder linear arbeitenden) Gehirnhälfte Gebrauch und gestatten uns nur selten tiefe Empfindungen irgendwelcher Art. Wir haben die Tendenz, in einer emotional gemäßigten Zone zu leben. Das mag uns vor intensivem Schmerz schützen, zugleich verzichten wir jedoch auf die Möglichkeit, intensive Freude zu erleben. Wenn wir bei einem Tieropfer zugegen sind oder daran teilnehmen, ist es nicht möglich, unsere Empfindungen zu dämpfen oder sie für uns zu behalten. Ich bin überzeugt, es ist mehr die Angst vor einer derartigen Gefühlsintensität und vor dem, was sie bewirken wird, als tatsächlicher Kummer über den Tod des Tieres, die mehrheitlich die Einstellung dem Opferungsritual gegenüber prägt.

Die Betreffenden haben ja gar nicht unrecht. Der Akt der Tieropferung *ist* pures Empfinden und reine Energie, und jeder, der daran teilnimmt, wird davon berührt und durch diese Kraft verändert. Und genau das ist der entscheidende Punkt. Von allem Anfang an, in jeder Kultur und jeder Religion, ist das Opferungsritual als Zugang zu dieser Welt der Kraft genutzt worden. Das läßt sich intellektuell nicht erfassen – es kann nur erfahren werden.

Obwohl Tierschutzaktivisten ohne Zweifel wohlmeinend sind, wenn sie ablehnen, was wir tun, glaube ich, daß sie auf diese Weise versuchen, den Tod zu leugnen. Mit ihrem Eifer zu «schützen» wappnen sie sich gegen die emotionale Ergriffenheit, die mit jeglichem Gedanken an den Tod in besonderem Maße einhergeht. Ifa arbeitet *mit* diesen Emotionen, in Harmonie mit dem Planeten und aus Respekt vor ihm. Wir würden niemals ohne Not einem Tier Leid zufügen. Wir würden niemals, unter gar keinen Umständen, eine vom Aussterben bedrohte Spezies opfern. Wenn es notwendig wird, einen Hahn, eine Ziege, ein Schaf oder eine Taube dem Leben oder Wohlergehen eines Menschen zuliebe als Opfer darzubringen, geschieht das in Ehrfurcht und Respekt . . . für das Tier *und* den Menschen. Ohne diesen wechselseitigen Respekt kann der Babalawo, egal wie geschickt oder gelehrt er ist, sehr wenig ausrichten. Man muß sich mit den Fäden im Gewebe des Universums auskennen, will man darauf hoffen, sie anders anordnen zu können.

Im Ifa wird das Blutopfer normalerweise nur bei wirklich großen Problemen und zur Initiation durchgeführt. Wenn ein Tier geopfert wurde, um Krankheit oder Unglück zu beseitigen, wird sein Fleisch nicht gegessen. Wird ein Tier hingegen als Teil des Initiationsritus oder zur Intensivierung eines freudigen Augenblicks wie etwa einer Geburt, einer Hochzeit oder einer materiellen Existenzgründung geopfert, dann wird das Tier anschließend für ein Festmahl zubereitet. Vom Fleisch dieses Tieres wird angenommen, daß es kraftvolles *Asé* oder Energie besitzt und für alle, die es zu sich nehmen, gut ist. Darin kommt Ifa der hebräischen Vorstellung von «koscher» sehr nahe. Das Tier wird koscher gemacht, indem der Rabbi, während er das Blut herausfließen läßt, gleichzeitig Gebete spricht. Und wie in der jüdischen Tradition kann auch im Ifa nur eine Person mit sakraler Schulung (Babalawo oder Priester), die eine Initiation zur Verwendung des Messers erhalten hat, die Zeremonien durchführen.

Die erste Tieropferung erlebte ich etwa ein Jahr nach meiner ersten Orakelbefragung. Ich war im Begriff, die Initiation für Jemonja/Olukun, einen wichtigen Joruba-Orischa, zu erhalten, und das Blutopfer gehörte zur Zeremonie. Als die Tiere hereingebracht wurden und der Babalawo nach seinem Messer griff, durchzuckte mich furchtbare Angst. Ich konnte mein Gefühl nicht genau definieren, doch irgendwie war es eine Mischung aus Angst und Neugier, wie ich wohl reagieren würde. Würde mir flau im Magen werden? Würde mir schwindlig werden? Würde ich in Ohnmacht fallen? Würde ich anschließend Alpträume haben? Diese und Dutzende von ähnlichen Befürchtungen gingen mir durch den Kopf, während ich mich dazu zwang hinzuschauen. Dann bedeutete mir der Babalawo vorzutreten. Er hatte den Kopf des Tieres ergriffen und hielt ihn mit beiden Händen fest. «Philip», sagte er, «ich möchte, daß du deine Stirn an die Stirn des Tieres legst. Ich möchte, daß du dich bei dem Tier dafür bedankst, daß es sein Leben für dich hingibt, und ich möchte, daß du klar das Problem aussprichst, für das du eine Lösung benötigst.»

Nun, damit war ich meine Zuschauerrolle los, und die beinahe alles überwältigende Angst, die in mir brodelte, nahm nur noch zu. Doch als ich mich vorbeugte und meine Stirn gegen die des Tieres preßte, änderte sich das schlagartig. Plötzlich hatte ich nicht länger das Gefühl, den Tod aus einer unpersönlichen Perspektive erleben zu müssen. Statt dessen spürte ich, als mein Kopf mit dem Kopf des Tieres eins wurde, sein Leben und seine Energie. Ich war erfüllt von einer Mischung aus Traurigkeit und Dankbarkeit, Respekt und Demut, Verständnis und Offenheit. Als ich wieder zurücktrat und zuschaute, wie der Babalawo mit seinen Opferungsgebeten begann, war meine Angst verschwunden. Während sein Messer wie von allein in die Hauptschlagader glitt und das Blut des Tieres herausströmte, konnte ich eine Energie und Kraft spüren, wie sie nur aus dieser Lebensader kommen kann. Und, genauso bedeutsam, ich betrachtete zum ersten Mal in meinem Leben den Tod nicht als ein furchtbares Ereignis, das Angst und Schrecken hervorruft, sondern als integralen Bestandteil des Lebens. Wenn es auch noch viele Jahre dauern sollte, bis ich die Gewißheit der Wiedergeburt erfuhr – ermöglicht wurde das durch diesen ersten kurzen Funken des Verstehens.

Nach dem Ritual war ich weder erschrocken noch entsetzt, ich war erfüllt von Empfindungen, die eine Menge Klärung erfordern würden, aber ich wußte, daß die Erfahrung positiv war.

Ob es nun um die Opferung eines Hahns oder des Osterlamms geht, um das koschere Schlachten von Tieren zu Nahrungszwecken oder die Kreuzigung: Authentische Religionsausübung hat stets die eine oder andere Form von Blutopfer beinhaltet. Im Ifa glauben wir an die nachweisliche Verbesserung des Lebens derer, die wir mittels vieler Methoden, Blutopfer inbegriffen, auf ihrem Weg leiten und führen.

4 TOD UND WIEDERGEBURT

K eni hu we gbedegbede
K eni le ju pelepele
K omo eni le n owo
gbogbogbo
Le ni sin.

Wir wollen in unserem Umgang
miteinander sanft sein,
auf daß wir einen friedlichen Tod
haben mögen;
auf daß unsere Kinder uns beim
Begräbnis
die Hand reichen mögen.

Oyekumeji

Im Ifa kennt man den Tod unter dem Namen Icu, und es heißt, um sich seine Opfer zu holen, mache er von einem hammerartigen Werkzeug Gebrauch. Unsere Überlieferung lehrt, daß Icu sich anfangs seine Opfer zu der für sie vorherbestimmten Zeit geholt hat, daß er jedoch irgendwann in dunkler Vergangenheit begann, Männer, Frauen und Kinder willkürlich abzuberufen. Die meisten Orischa waren verärgert, hatten aber auch Angst, sich einzumischen. Bloß Orunmila schritt zur Tat. Eines Tages, als Icu gerade abgelenkt war, schnappte er sich flugs Icus Hammer und versteckte ihn. Als Icu entdeckte, daß sein Todeswerkzeug verschwunden war, geriet er außer sich vor Wut. Er stürmte auf Orunmilas Haus zu und verlangte den Hammer zurück. Doch Orunmila weigerte sich.

«Ich muß meinen Hammer haben», schrie Icu.

«Nein», erwiderte Orunmila, «du warst von Oludumare beauftragt worden, jene zu holen, deren Zeit gekommen ist, statt dessen hast du Menschen sterben lassen, wann immer dir danach zumute war.»

«Wenn sie nicht sterben, wird die Erde sterben!» antwortete Icu.

«Du hast kein Recht, Menschen vor der Zeit mit dir zu nehmen», hielt Orunmila dagegen.

Und so ging die Auseinandersetzung hitzig hin und her. Ja, sie ging für Hunderte oder womöglich gar Tausende von Jahren weiter, bis zu guter Letzt Orunmila die Logik in dem, was Icu sagte, erkannte. Würden die Menschen nie sterben, wäre die Erde außerstande, sie alle zu ernähren. Aber noch war Orunmila nicht bereit einzulenken. Schließlich zitierte er den Verzweifelten zu sich und machte einen Schlichtungsvorschlag.

«Icu», hob Orunmila an, «ich habe lange und intensiv über

die Rückgabe deines Hammers nachgedacht. Es ist wahr, wenn keine Menschen sterben, ist die Erde dem Untergang geweiht. Doch es ist auch wahr, daß du nicht einfach Menschen abberufen kannst, wann immer es dir paßt. Und so bin ich zu folgender Lösung gekommen: Ich werde dir den Hammer zurückgeben – unter einer Bedingung.»

«Alles, was du willst!» rief Icu aus.

«Nun gut», erwiderte Orunmila, «ich werde dir deinen Hammer unter der Bedingung zurückgeben, daß du schwörst, meine Kinder nie mehr vor der Zeit dahinzuraffen.»

«Ich versprech's!» sagte Icu, hielt dann aber inne und fragte: «Woran werde ich deine Kinder erkennen?»

«Sie werden mein *Ide* (Armband) am linken Handgelenk tragen.»

Bis auf den heutigen Tag tragen Ifa-Anhänger ein zweifarbiges, vom Babalawo ausgehändigtes und gesegnetes Perlenbändchen am linken Handgelenk. Dadurch stellen sie sicher, daß der Tod, sollte Icu sie denn verfrüht aufsuchen, sein Abkommen mit Orunmila einhalten und nicht vor dem vorherbestimmten Zeitpunkt zu ihnen zurückkommen wird.

Viele meiner Patenkinder haben mir in diesem Zusammenhang die Frage gestellt: «Warum, wenn doch Ifa an verwandschaftliche Reinkarnation glaubt, wäre es denn eine solche Tragödie, vorzeitig zu sterben?» Eine gute Frage – auf die es eine bedeutsame Antwort gibt.

Ifa lehrt, daß «die Erde der Marktplatz und der Himmel unser Zuhause ist».

Aye loja
Orun nile
A difa fun Oludumare, agotun
Oba ataye ma tuu
Bee dele aye
Bee gbagbe orun
Aye loja
Orun nile
E o jiyin
E o jabo
Oun ti e ri
Oyeku-Ogbe.

Die Erde ist ein Marktplatz,
Ikole Orun ist unser ewiges Zuhause.
Wirf das Weissagungsorakel für Oludumare,
den vollkommenen Weltorganisator.
Wenn du auf die Welt kommst und Ikole Orun vergißt,
beachte, daß die Welt lediglich ein Marktplatz,
Ikole Orun hingegen unser ewiges Zuhause ist.

Im verzwickten Gefüge der Wiedergeburt besuchen wir
die Erde um bestimmter Lern- und Wachstumserfahrun-
gen willen, und wenn diese gemacht sind, kehren wir
«nach Hause» zurück. Fortzugehen, bevor wir die entspre-
chende Weisheit und Lebenserfahrung erlangt haben, bedeutet Unterbrechung. Vorzeitiger Tod unterbricht den
Kreislauf – den Kreislauf der Zeit ebenso wie den des Lernens – und hat zur Folge, daß wir, bildlich gesprochen,
«unseren Platz in der Warteschlange einbüßen». Wahrscheinlich ist die katholische Vorstellung vom Fegefeuer,
in dem die Seele in einem Niemandsland zwischen Him-

mel und Hölle gefangen ist, eine Adaption dieser uralten Idee.

Um die Bedeutsamkeit eines «angemessenen» Todes zu verstehen, ist es entscheidend, den tieferen Sinn von Wiedergeburt zu erfassen. Im Ifa glauben wir nicht an Reinkarnation im üblichen Sinn. Dabei impliziert Reinkarnation eine Reihe von Bedingungen, darunter auch die Wanderung der Seele von einem Körper zum anderen – wobei ihr Geschick zum großen Teil durch das im letzten Dasein geführte Leben bestimmt ist. Reinkarnation beinhaltet außerdem Vorstellungen von Karma und der Rückkehr als mehr oder minder hoch entwickeltes Wesen. Man kann in jeglicher Form von Materie wiederkehren – als Kröte, als Pilz oder als Stein. Die Lehren von Ifa sind da ganz anders: Wir glauben an Wiedergeburt innerhalb der Familie. Die Joruba-Namen *Babatunde* (Vater kehrt zurück), *Jetunde* (Mutter kehrt zurück), *Jabatunji* (Vater wird wieder lebendig) und *Sotunde* (der weise Mann kehrt zurück) legen alle beredtes Zeugnis ab vom Ifa-Konzept einer Wiedergeburt innerhalb der Familie oder unter Blutsverwandten.

Ich erinnere mich an ein Telefonat mit meinem Freund und Lehrer Afolabi Epega kurz nach dem Tod meines Vaters. Nachdem er sein Bedauern über meinen Verlust ausgesprochen hatte, stellte er jovial fest: «Nun, dein nächstes Kind kann Babatunde sein!» In diesem Geist ist es uns möglich, neben dem Kummer über den Tod unserer Lieben zugleich die Freude darüber zu empfinden, daß wir durch unsere Kinder und Kindeskinder für ihre Wiederkehr sorgen können.

Es gibt jedoch keine simple Garantie dafür, daß es sich bei der Geburt Ihres Kindes um die «Rückkehr» Ihres Großvaters oder Großonkels handelt. Ifa lehrt, daß wir alle einen «perfekten Zwilling», einen Doppelgänger, haben. Wenn durch die Entstehung neuen Lebens in der Familie für einen Geist die Zeit zur Rückkehr auf die Erde herannaht, kehrt die eine der beiden Wesenheiten zurück, während die andere weiter im Himmel verweilt. Der Geist, der zurückkehrt, tut dies in Gestalt eines Schutz-Ori. Das Schutz-Ori eines Menschen, das durch die «Krone» (den Scheitelpunkt) des Kopfes symbolisiert wird und dort auch seinen Sitz hat, repräsentiert nicht nur Geist und Energie des blutsverwandten Vorgängers, sondern auch die angesammelte Weisheit, die er oder sie in Myriaden von Leben erlangt hat. Wir sollten das Schutz-Ori allerdings nicht mit unserem spirituellen Ori verwechseln, das unsere Bestimmung enthält; hier geht es vielmehr darum, daß unser persönliches Blut-Ori durch das neu gewonnene Leben und die damit verbundenen Erfahrungen auf die Erde zurückkehrt.

Ifa-Anhänger werden stets mit Nachdruck darauf hingewiesen: «Du selbst bist es, der deinen Kopf krönt.» Das wird oft interpretiert als: «Du selbst bestimmst, was in deinem Leben geschieht.» Oder: «Du bist verantwortlich für das meiste, was dir widerfährt.» Das trifft zwar alles auch zu, doch es bedeutet noch viel mehr. Es meint buchstäblich «die Krone (den Scheitelpunkt) des Kopfes, das Ori». Durch Ahnenverehrung und Opfergaben können Sie zu der angesammelten Weisheit, die Ihnen vom Augenblick der Empfängnis an gegeben ist, Zugang erhalten und Nutzen daraus ziehen. Durch den Akt der Zeugung und den Kreislauf der Wiedergeburt führen Sie den Prozeß fort, vergrößern das Wissen und sorgen für beständiges Weiterfließen und für die «Krönung» der nächsten Generation. Deshalb sind Kinder der größte Segen unseres Lebens. Das Odu Iworidi geht besonders auf diesen Punkt ein:

Kosi abiyamo ti ko lee bi Awo l'omo
Kosi abiyamo ti ko lee be Orunmila
Baba eni, bioba bi ni ni pipe,
Bopetiti, a tun nbi Baba eni l'omo.
A daa f'Orunmila, ti o wipe:
Oun maa m'Orun bo wa si aye,
Oun maa mu Aye lo s'Orun.
Ki o baa le se bee dandan,
Ifa ni ki o ru ohun-gbogbo ni mejimeji,
Abo ati Ako bayi: Abgo kan, Agutan kan,
Okuko kan, Ewure kan, Akuko-adiye kan,
Agbedo-ayiye kan; ati beebee lo.
O gbo o rubo.
Bee ni aye nbisii ti won si nre sii.

Keine gebärfähige Frau ist außerstande, einen Ifa-Priester
zur Welt zu bringen.
Keine gebärfähige Frau ist außerstande, Orunmila zur
Welt zu bringen.
Wenn unser Vater für unsere leibliche Geburt sorgt,
Ist es nur natürlich, daß wir wiederum ihn zur rechten
Zeit zur Welt bringen.
Wenn unsere Mutter für unsere leibliche Geburt sorgt,
Ist es nur natürlich, daß wir wiederum sie zur rechten Zeit
zur Welt bringen.

Diese Kontinuität und dieser Zusammenhalt verleihen dem
Ifa-Anhänger die Fähigkeit, das Leben in vollen Zügen,
ohne Angst vor dem Tod zu genießen.

Der Tod ist nur zu fürchten, wenn er vorzeitig eintritt,
vor allem bei ungeborenen oder sehr kleinen Kindern. Von
ihren Geistern, bekannt als *Abiku*, sagt man, sie seien Seelen,

63

die ihre Eltern zu quälen versuchen. Einem solchen frühen Tod folgt häufig ein weiterer, ungefähr ein Jahr darauf. Um diese Todesverkettung zu durchbrechen, wird normalerweise der Babalawo aufgesucht. Eine kleine Eisenkette, die der Babalawo speziell präpariert hat, wird dem Kind bei der Geburt um den linken Knöchel gelegt. Sie «hält das Kind auf der Erde» und verhindert seinen Tod. Mein Sohn Dashiel, dessen Halbbruder im Alter von neun Wochen gestorben war, trug solch ein Fußkettchen. Die Krankenhausärzte mögen es befremdlich gefunden haben, doch das Kettchen wurde ihm in den ersten Augenblicken nach der Geburt ums linke Fußgelenk gelegt und das Krankenhauspersonal angewiesen, es unter gar keinen Umständen zu entfernen.

Langlebigkeit ist ein so hohes Gut für Ifa-Anhänger, daß sich unsere Dichtung und unsere Gebete immer wieder darauf beziehen. Freilich sagt man, jemand könne nur von denjenigen *Abiku* der näheren oder ferneren Vergangenheit, also den vor ihrer Zeit Verstorbenen, ins Grab geholt werden, die kein förmliches Begräbnisritual erhalten haben. Ein berühmtes Ifa-Gebet lautet deshalb: «Möge mir der Segen zuteil werden, von meinem Sohn begraben zu werden.»

Demnach ist der Tod im Ifa schlicht und einfach ein Übergang zwischen Marktplatz (der Erde) und Himmel. Wiedergeburt ist die Wiederkehr der Seele als Bestandteil der Inkarnation eines neuen Blutsverwandten. Und wenn ein Körper alt und müde geworden ist, wenn seine Bestimmung erfüllt ist und die Weisheit und Erfahrung einer Lebenszeit angesammelt sind, dann ist es an der Zeit, den alten Körper abzulegen, den Geist wiederaufzufüllen und sich darauf vorzubereiten, neu geboren und erfrischt wiederzukehren.

5 Die Wochentage und ihre Orischa

Montag *(Ojo Aje)*
Tag des finanziellen Erfolgs. Der Montag gehört Jemonja/Olukun. Ein guter Tag, um neue geschäftliche Unternehmungen in Angriff zu nehmen. Der beste Tag, um Rituale für Wohlstand und finanziellen Erfolg durchzuführen.

Dienstag *(Ojo Isegun)*
Der Tag des Sieges. Der Dienstag gehört Ogun. Rituale, um Feinde oder Konflikte zu überwinden, werden am besten an diesem Tag durchgeführt. Auch vorteilhaft für geschäftliche und finanzielle Vorhaben.

Mittwoch *(Ojo Riru)*
Tag der Verwirrung. Der Mittwoch gehört Oja. Ein schlechter Tag für neue Unternehmungen oder größere Projekte jeder Art; für die meisten rituellen Opferungen ebenso ungeeignet wie der Samstag. Die schwarze Kräuterseife, die man zur Vertreibung von Unheil einsetzt, wird aus Respekt vor den *Aje* (Hexen), die, wie man sagt, mittwochs und samstags ihre Treffen abhalten, an diesen Tagen nicht verwendet. Der richtige Tag für Hexen-Rituale.

Donnerstag *(Ojo Bo)*
Tag der Erfüllung. Der Donnerstag gehört Schango. Ein ausgezeichneter Tag zum Heiraten; für den Beginn jedes Langzeitprojekts; um die Fundamente für Ihr Zuhause auszuheben; für alle langfristig gesteckten Ziele, die man unbedingt erreichen muß.

Freitag *(Ojo Ete)*
Tag der Unannehmlichkeiten und Turbulenzen. Der Freitag gehört Oschun. Ein besonders ungünstiger Tag zum Reisen, zum Umziehen oder für den Wechsel des Firmenstandorts. Ein guter Tag für Chefs, das längerfristige Beibehalten eines Firmenstandorts zu beschließen.

Samstag *(Ojo Abameta)*
Tag der unglückseligen Vorsätze. Der Samstag gehört Eschu. Wie Mittwoch ein schlechter Tag für die Durchführung größerer Projekte und für die Anwendung der meisten Talismane. Günstig für diesen Tag ist die Vorbereitung – im Unterschied zur Anwendung – von Amuletten und schützenden Talismanen. Der zweite «Hexentag».

Sonntag *(Ojo Aiku)*
Tag der Langlebigkeit und Ruhe. Der Sonntag gehört Obatala. Der Tag zur Beilegung von Differenzen. Brauchbar für Planungen auf lange Sicht und der perfekte Tag zur Vorbereitung von Amuletten und Talismanen für Langlebigkeit und gute Gesundheit.

66

Jeder Wochentag wird mit den Qualitäten eines oder mehrerer Orischa in Verbindung gebracht. Opfer für diesen Orischa werden am besten nur am dafür bestimmten Tag gemacht – im nachfolgenden Kapitel werden Sie auf die Tage hingewiesen, an denen die Opfergaben dargebracht werden sollten. Dieser Überblick wird Ihnen helfen zu verstehen, daß bestimmte Orischa jeweils bestimmten Resultaten zugeordnet sind.

Wie die Tage zustandegekommen sind

Am Anfang der Zeit ließ Oludumare (GOTT) sämtliche Orischa in einem heiligen Garten zusammenkommen, Ogbeische, dem Garten des Gebietens. In dem Garten herrschten die sechzehn heiligen Odus, die die Eckpfeiler der heiligen Texte des Ifa bilden. Ihre vereinten Kräfte waren so groß, daß alle Wünsche der Bewohner des Gartens auch wirklich in Erfüllung gingen. Mit einer einzigen Einschränkung: Oludumare verfügte, daß die Wünsche stets positiver Natur sein *müssen*. Ferner teilte er Besuchern mit, sie dürften lediglich sieben Tage im Garten Ogbeische verbringen.

Sogleich betete Eschu-Odara (der göttliche Bote oder Mittler zwischen Mensch und Orischa, Mensch und GOTT), Reichtum aller Art möge den Garten erfüllen. Wie Oludumare versprochen hatte, wurde dem Wunsch stattgegeben, und beinahe unverzüglich füllte sich der Garten mit jedem nur vorstellbaren Luxus. Die Bewohner des Gartens beschlossen, von ihrem Reichtum denen außerhalb des Gartens abzugeben, und sie verbrachten den ganzen Tag damit, ihren Reichtum über die ganze Welt zu verteilen. Am Abend desselben Tages erkundigte sich Oludumare, wie sie

67

ihren Tag verbracht hätten. Als sie ihm von ihren Aktivitäten berichteten, nannte er den Tag *Ojo Aje*, den Tag des finanziellen Erfolgs und des Reichtums. Das war der Montag.

Am nächsten Tag forderte Oludumare sie auf, mit dem Gebet um nutzbringende Dinge fortzufahren. Doch jene außerhalb des heiligen Gartens, denen tags zuvor von dem Reichtum gegeben worden war, kamen auf der Suche nach weiteren Schätzen hereingestürzt. Streitigkeiten waren die Folge, doch die Bewohner des Gartens nutzten die Kraft der sechzehn heiligen Odus, um den Sieg über die Eindringlinge zu erwirken. Unverzüglich wurde ihrem Wunsch entsprochen, und die Eindringlinge wurden bezwungen und vertrieben. Am Ende des Tages, als Oludumare ihr Verhalten überprüfte, nannte er diesen Tag *Ojo Isegun*, den Tag des Sieges. Das war der Dienstag.

Früh am dritten Tag blies ein mächtiger Wind in den heiligen Garten. Die Klarheit und Schönheit des Ogbeische wurde von Staub und Schmutz beeinträchtigt; Pflanzen und Blumen gingen zugrunde. Die Bewohner verbrachten den ganzen Tag mit Reinigen und Waschen sowie dem Sichern ihrer Besitztümer, damit der Sturm sie nicht fortriß. Alle waren so sehr mit dem Sturm beschäftigt, daß sie zu beten vergaßen, und alles blieb in Unordnung. Als Oludumare an diesem Abend kam, berichteten sie ihm von den Geschehnissen. Folgerichtig nannte Oludumare den Tag *Ojo Riru*, den Tag der Verwirrung. Das war der Mittwoch.

Am Tag, der auf den zerstörerischen Sandsturm folgte, betete man im Garten um Regen und um Wiederherstellung der Ordnung. Die Bitten wurden erhört, und Regen kam, und neue Bäume und Pflanzen sprossen und boten Schatten und Nahrung. Das Leben im Garten kehrte zur Normalität zurück. Alle Orischa waren glücklich und fuhren fort, für die guten Dinge im Leben zu beten. Am Abend bemerkten sie, daß dies der beste Tag war, den sie je erlebt hatten. Als sie Oludumare mitteilten, wie glücklich sie sich fühlten, nannte er den Tag *Ojo Asededaye* oder *Ojo Bo*, Tag der Erfüllung. Das war der Donnerstag.

Dann teilte Oludumare ihnen mit, daß sie am nächsten Tag eine lange Reise antreten würden. Am nächsten Morgen beteten sie alle für eine sichere Reise zu ihrem Bestimmungsort. Die Entfernung, die sie zurücklegen sollten, war astronomisch, und die Schwierigkeiten, die auftreten konnten, zahllos, doch da sie für eine sichere Reise gebetet hatten, erreichten sie ihren Bestimmungsort ohne Probleme. Bei ihrer Rückkehr jedoch sah die Sache ganz anders aus: Jedes nur denkbare unvorhergesehene Hindernis geriet ihnen in den Weg. Der Tag war vollkommen verpfuscht, sosehr sie sich auch bemühten, Schwierigkeit um Schwierigkeit zu überwinden. Tatsächlich fingen sie an zu bezweifeln, daß sie ihren heiligen Garten je wieder erreichen würden. Schließlich nahmen sie all ihre Kräfte zusammen und schafften es, sich mitten in der Nacht ihren Rückweg zum Ogbeische zu erkämpfen. Danach schworen sie, niemals wieder eine derartige Reise an diesem Tag zu unternehmen. Aufgrund all der Vorkommnisse nannte Oludumare diesen Tag *Ojo Ete*, Tag der Unannehmlichkeiten und Turbulenzen. Das war der Freitag.

Am sechsten Tag ließ Oludumare Eschu-Odara zu sich kommen und teilte ihm seine Entscheidung mit, daß Eschu-Odara nicht mehr allen Reichtum und Wohlstand auf Erden kontrollieren dürfe. Statt dessen werde er selbst die Verteilung der Güter durch Opferung und Ritual regulieren. Eschu-Odara war wütend über diese Zurücksetzung und forderte Oludumare heraus. Doch dreimal wurde er besiegt.

Da er merkte, daß er allein Oludumare nicht besiegen konnte, rief er alle 401 Bewohner des Gartens zusammen und sagte: 1. Falls sich die Kraft sämtlicher Orischa gegen ihn richtete, würde Oludumare untergehen; 2. falls er doch überleben sollte, wurde er keinen Erfolg mehr haben; 3. falls er doch Erfolg haben sollte, könnte er nie mehr an ihrem Leben und Wirken teilhaben. Sie stimmten ihm zu und beteten, alle darum, daß es so kommen möge. Am Ende des Tages ließ Oludumare alle 401 Orischa im Ogbeische zusammenkommen. Er teilte ihnen mit, ihrem Wunsch könne nicht entsprochen werden, da sie gegen eine der Regeln des heiligen Gartens verstoßen hätten: Sie hatten für das Eintreten unglückseliger statt positiver Dinge gebetet. Und so nannte Oludumare diesen Tag *Ojo Abameta*, den Tag der (drei) unglückseligen Vorsätze. Das war der Samstag.

Am siebten Tag zeigte Oludumare sich voller Leben und Kraft. Er begann Segnungen auf sämtliche Orischa herabregnen zu lassen, die sich gegen ihn gestellt hatten, Eschu-Odara inbegriffen. Sie waren wieder alle glücklich und zugleich beschämt über ihr selbstsüchtiges Verhalten am Tag zuvor. Alle Streitigkeiten waren beigelegt, und die Rangordnung der Orischa war für alle Zeiten sichergestellt. Oludumare nannte diesen Tag *Ojo Aiku*, den Tag der Langlebigkeit und Ruhe. Das war der Sonntag.

| ‖

| ‖

| ‖

‖ |

6 AM ANFANG . . .

*Okanran/Eguntan
(Heiliges Odu,
das die Schöpfung bezeugt)*

Oludumare, der einzige GOTT, sammelte seinen ganzen Reichtum an einem einzigen Ort und sandte seine Boten aus, um die 401 *Irunmole* (übernatürliche Himmelswesen, von denen 256 zu heiligen Odus, den Texten des Ifa, wurden) zusammenzurufen. Er sandte nach ihnen, auf daß sie seine Schätze zur Erde bringen mögen. Sie wurden gebeten, einen großen Klumpen Marmelade aus zerstoßenen Früchten, einen Topf voll Suppe, zahlreiche Kolanüsse, Schafe, Tauben, Hühner und 3200 Kaurischnecken zu opfern und mit den Opfergaben Besucher zu bewirten. Oludumares Bote traf alle 401 *Irunmole* an und überbrachte die Botschaft, doch keiner von ihnen bewirtete ihn mit den angeordneten Gaben. Als der Bote jedoch bei Orunmila eintraf, wurde er herzlich willkommen geheißen und großzügig bewirtet. Aus Dankbarkeit verriet der Bote ihm, daß der wichtigste Teil des Schatzes sich unter Oludumares Sitz befinde.

Als die *Irunmole* alle versammelt waren, wurde ihnen Oludumares Botschaft mitgeteilt, und jeder versuchte zu ergattern, wovon er glaubte, es berge den größten Wert in sich. Einige nahmen Geld, andere Nahrung, wieder andere Gegenstände, die sie als wertvoll erachteten. Durch seine Trompete sprechend teilte Oludumares Bote Orunmila mit: «Bleib ruhig sitzen, denn der allerwichtigste Gegenstand befindet sich in dem Schneckengehäuse.» Also saß Orunmila geduldig da und schaute zu, wie die anderen *Irunmole* all die Schätze, Güter und verschiedenen Substanzen an sich nahmen, um sie zur Erde hinunterbringen.

Als sie fort waren, erhob Orunmila sich, ging schnurstracks dorthin, wo Oludumare saß, holte das Schneckengehäuse unter dessen Sitz hervor und machte sich auf den Weg zur Erde. Orunmila traf die anderen *Irunmole* am Ende der Straße, die vom Himmel zur Erde führt, und fragte sie, ob irgend etwas nicht in Ordnung sei. Sie antworteten, die Erde stehe unter Wasser und es gebe nirgends eine Stelle, wo sie ihren Fuß auf Land setzen könnten. Da steckte Orunmila seine Hand in das Schneckenhaus und holte ein Netz hervor, das er auf das Wasser warf. Er ließ seine Hand zum zweiten Mal in dem Gehäuse verschwinden und holte Erde daraus hervor, die er auf das Netz warf. Ein drittes Mal griff er hinein, holte einen fünfzehigen Hahn hervor und warf ihn auf das Netz, damit er die Erde über das Netz und das Wasser verteilte. Der Hahn begann besagte Erde zu verteilen, das Wasser ging zurück, und das feste Land erstreckte sich über eine immer größere Fläche. Als das Ganze zu langsam voranging, kam Orunmila selber herab und gebot dem Flecken Land, sich auszubreiten: «Breite dich aus geschwind, breite dich aus geschwind, breite dich aus geschwind!» Er hielt inne, und die Welt breitete sich aus. Große Freude herrschte im Himmel. Die Stelle, an der Orunmila als erste Person auf Erden stand und dem Land befahl, sich auszubreiten, heißt bis auf den heutigen Tag Ifa-Wara in Ile Ife.

Nach Orunmila, der das Land schuf und es als erster betrat, kamen die 401 *Irunmole* herab. Er erlaubte keinem der *Irunmole*, ihren Fuß auf das Land zu setzen, bevor sie nicht alles, was sie mitgebracht hatten, bei ihm abgeliefert hatten. Danach gab er ihnen, was ihm für jeden geeignet schien, und sie nahmen ihre Anteile voller Freude in Empfang.

Die *Irunmole* waren jene übernatürlichen Wesen aus Ikole Orun (dem Himmel), die als erste Ikole Aye (der Erde) einen Besuch abstatteten. Sie waren es, die die Erde für Menschen bewohnbar machten. Sie sind die Energie, der die gesamte Natur entspringt. Orunmila, der es den *Irunmole* möglich machte, auf die Erde herabzukommen, akzeptierte nur 256 von ihnen, darunter Ogun, Gott der Metalle und der Kreativität; Obatala, Gott der Schöpfung; Schango, Gott des Donners; Oschun, Flußgöttin; Oschoschi, Gott der Jagd; Eschu, Gott der Gerechtigkeit; Oschonjin, Gott der Medizin; und, der klügste von allen, den man ehrerbietig den Gott der Klugheit oder Gott des Wissens nennt – Orunmila.

Diese *Irunmole* sind keine Kinder der Erde und brauchen hier auch nicht zu sterben. Sie waren das Bindeglied zwischen Menschen und Oludumare (GOTT) zu der Zeit, da die Erde geschaffen wurde, und sie sind bis heute das einzige Bindeglied geblieben. Einzeln und in ihrer Gesamtheit dienen sie als Medium, über welches Oludumare die Menschheit an seinem Wissen von der Natur ganz allgemein und seinem esoterischen Wissen von den Worten, bekannt als Ifa, teilhaben läßt.

Als sie Oludumares Schätze zur Erde gebracht hatten, stiegen die *Irunmole* nach Ikole Orun (zum Himmel) empor und kehrten nicht wieder zurück. Da sie als kluge Ratgeber und Lehrer in Erscheinung getreten waren, hinterließ ihr Weggang eine Kluft, eine schmerzliche Lücke zwischen den Menschen und Oludumare. Wie sollten die Menschen weiterhin mit Gott in Verbindung treten können? Die logische Antwort war, die vermittelnde Energie der *Irunmole* anzurufen. Von diesem Zeitpunkt an bis heute sind die *Irunmole* die einzige Brücke zu Oludumare.

Nachdem sie alles in Erwägung gezogen hatten, erschien es den Menschen logisch, den Geist der *Irunmole* mittels der Objekte anzurufen, denen diese während ihres Aufenthalts auf Erden besonders zugetan waren. Dazu gehörten ihre Werkzeuge, ihre Bildnisse oder die beim Abstieg nach Ikole Aye bzw. beim Wiederaufstieg nach Ikole Orun eingesetzten Hilfsmittel – wie zum Beispiel der Ifa-*Ope*, der von Orunmila wie auch von anderen außerordentlich geschätzte heilige Palmbaum.

Es gibt viele andere Beispiele:

Zu Ogun, von Oludumare ausgesandt, die Menschen im Schmiedehandwerk und der Metallbearbeitung zu unterrichten, tritt man üblicherweise in Kontakt, indem man Eisengegenstände oder den *Mariwo* (Palmwedel) als Anrufungsobjekte verwendet.

Orunmila, auch bekannt als Ela (der Reine) und der einzige *Irunmole*, der durch die Ifa-Lehren Oludumares Weisheit auf die Erde hinuntergebracht hat, wird durch das Ifa-*Ikin* beschworen, sakral aufgeladene Palmkerne vom heiligen Palmbaum Ifa-*Ope*.

Schango, Orischa des Donners, wird mittels *Oshe* (doppelschneidige Axt), *Edun ara* (Donnerstein/Faustkeil), *Orogbo* (bittere Kolanuß), *Epo* (rotes Palmfett) und anderer Dinge angerufen. Die doppelschneidige Axt war das Zeichen seines Amtes während seiner Zeit auf Erden; Donnersteine entstehen, wenn der Blitz in einen Felsen einschlägt; bittere Kola war eine seiner Lieblingsspeisen; rotes Palmfett war ein Mittel gegen seinen Ärger.

Eschu, Orischa des *Asé* und der Gelegenheit, war ein anderer Name für Eschu-Odara, Olailu, Elegba und Oriki Oko, nebst vielen weiteren. Er war der Wächter der Stadt, der stets einen Stein mit sich trug. Heute verwendet man den *Yangi*, den heiligen Stein, der Eschu repräsentiert, um seinen Geist herbeizurufen.

Obatala oder Ooschanla, Orischa der Schöpfung, wird mit *Ofun* (Kreide), Blei oder einer kleinen Metallglocke herbeigerufen.

Oschun, Orischa des Süßwassers, wird durch einen Tontopf oder ein anderes mit heiligen Flußsteinen gefülltes Gefäß angerufen.

Bei Oschonjin, Orischa der Kräuter und der Medizin, setzt man *Ere* (sein Bildnis) ebenso wie den *Mariwo* (Palmwedel) ein, um seinen Geist anzurufen.

Bis zum heutigen Tag erfolgt die Anrufung der Orischa mittels derselben heiligen Objekte. Anrufung ist ein kraftvolles Werkzeug für positive Veränderung, und während Sie in den folgenden Kapiteln manches über die Haupt-Orischa erfahren, wird klarwerden, warum man sich an bestimmte Orischa für spezielle Probleme wendet und wie es dazu kam.

TEIL II

DER WEG DER ORISCHA

7 Orunmila –
Prophet, Heiler
und Retter

ORUNMILA! Eleri Ipin,
Ibikeji Oludumare,
A-je-ju-Oogun,
Obiriti, A-p'ijo-iku-da
Oluwa mi, A-to-i-ba-j'aye
Oro a-bi-ku-j'igbo
Oluwa mi, Ajiki,
Ogege a-gb' aye-gun;
Odudu ti ndub ori emere;
A-tun-ori-ti-ko sunwon se
A-mo-i-ku.
Olowa Aiyere,
Agiri Ile-llogbon;
Oluwa mi; amoimotan,
A ko mo O tan kose
A ba mo tan iba se ke.

Orunmila! Augenzeuge des
  Schicksals,
Zweiter nach Oludumare [GOTT];
Du bist weit wirksamer als Medizin,
Du grenzenlos weit reichende
  Macht, die verfrühtes Eintreten
  des Todes verhütet.
Mein Herr, Allmächtiger Retter,
Unergründlicher Geist, Du brachtest
  den Tod in Deine Gewalt.
Dir den Gruß zu entbieten ist uns
  erste Verpflichtung am Morgen.
Du bist die Ausgewogenheit, die
  Ausgleich unter den Weltkräften
  schafft,
Du bist der Eine, dessen Bestreben
  es ist, die von schlimmem Los
  heimgesuchte Kreatur
  wiederaufzurichten;
Wiedergutmacher von
  Mißgeschick,
Wer Dich kennt, wird unsterblich.
Herr, Du bist der König, den
  niemand absetzen kann,
Vollkommen heimisch im Haus der
  Weisheit!
Mein Herr! Unbegrenzt im Wissen!

Soweit wir Dich nicht vollständig erkennen, sind wir nichtig,
Oh, wenn wir Dich doch bloß vollständig erkennen könnten,
So wäre mit uns alles in Ordnung.

Morgengebet des Babalawo

Ebos für Orunmila   Opfergaben für Orunmila werden nur auf Anweisung und
unter Anleitung des Babalawo dargebracht.

Unter den Orischa gilt Orunmilas Wort, wie es durch seine Priester zum Ausdruck kommt, absolut, dem christlichen Glauben an die Heilige Schrift entsprechend. In der Tradition des Ifa ist es unvorstellbar, sich auf irgendein bedeutenderes Unterfangen einzulassen, ohne zunächst einmal Orunmila zu Rate zu ziehen, um zu ermitteln, ob der beabsichtigte Schritt klug ist oder nicht, und um das wahrscheinliche Resultat herauszufinden. Nur ein ganz tollkühner Mensch würde eine so ernste Angelegenheit wie Heirat, ein neues Geschäftsvorhaben, die Zeugung/Empfängnis eines Kindes oder die Behandlung einer schweren mentalen oder physischen Erkrankung durchführen, ohne durch den Babalawo bei Orunmila Rat zu suchen.

Ifa lehrt, daß Orunmila während des Schöpfungsakts bei Oludumare (GOTT) war. So wurde Orunmila auch Zeuge des Schicksalsgeschehens und weiß, was sich im Hinblick auf alle künftigen Ereignisse abzeichnet. Es wird gesagt, daß er viele Jahre auf der Erde lebte, eines Tages jedoch, müde und vom Verhalten der Menschen enttäuscht, in den Himmel zurückkehrte und schwor, niemals wieder die Erde zu betreten. Mit katastrophalen Folgen, da die Menschen keine Möglichkeit hatten, den korrekten Kurs für ihre künftigen Handlungen zu ermitteln oder die von früheren Fehlern hervorgerufenen Probleme zu beheben.

Noch einmal kehrte Orunmila zurück. Noch einmal erlebten die, die seine Lehren befolgten und die angemessenen Opfer vornahmen, Glück und Wohlstand. Viele jedoch taten dies nicht. Wieder ging Orunmila von der Erde in den Himmel. Diesmal aber ließ er, um nicht mehr zurückkehren zu müssen, sein spirituelles Selbst in Gestalt der heiligen Palmnüsse zurück, die von seinen Priestern benutzt werden. Durch die Weissagung stehen Babalawos im buchstäblichen wie auch im übertragenen Sinn mit Orunmila in Kontakt und können zu seiner Kenntnis der künftigen Ereignisse Zugang gewinnen. Nicht nur kann der Babalawo den wahrscheinlichen Ausgang eines Ereignisses vorhersagen, sondern durch Kommunikation mit Orunmila jene Opferungen anordnen, die nötig sind, um ein wünschenswertes Resultat sicherzustellen. Priester für Orunmila müssen sich jahrelanger Ausbildung und komplizierten Initiationen unterziehen. Sie müssen buchstäblich Tausende von Odus – von denen jedes einzelne eine bestimmte Geschichte oder einen bestimmten Mythos repräsentiert – im Gedächtnis behalten und unter Beweis stellen, daß sie diese verstanden haben. Wenn der Babalawo die *Opele* (die Kette aus halben Samenhülsen) wirft oder «die Nüsse schlägt» (*Ikin* zur Weissagung verwendet), bittet er Orunmila um den Hinweis, welches spezielle Odu, also welche Geschichten und Auskünfte, auf die Situation oder das Problem des Klienten am ehesten zutrifft. C. G. Jung hätte von «Synchronizität» gesprochen, was besagt, in *dem* Moment war es dem Klienten und dem betreffenden Odu bestimmt, zueinander zu kommen. Das hat weder mit Glück noch mit Zufall zu tun.

Viele der heiligen Odus erläutern Orunmilas Rolle als Prophet, Heiler und Medium der Veränderung.

Er ist Prophet:

Orunmila machte eine Prophezeiung, sie trat ein.
Sie trat ein für Bara, Agbonniregun.
Sie fragten, was da eintrat.
Er antwortete, daß es die vorhergesagte Segnung mit Reichtum war.

Er ist Wundertäter:

Wenn unserer eigenen Hände Arbeit uns zufriedenstellt,
Werden wir niemals auf Diebstahl angewiesen sein;
Diebstahl kann uns niemals zufriedenstellen, bloß unsere
eigene rechtschaffene Arbeit:
Dies erklärte das Orakel Orunmila,
Als er sich von der Stadt in ländliche Gegenden
aufmachte.
Er wurde darauf hingewiesen, daß er außerordentliche
Wohltaten verüben werde,
Doch man werde ihm Gutes mit Bösem vergelten;
Doch der Allmächtige Gott werde ihm mannigfachen
Lohn entbieten,
Und sämtliche Gottheiten sich ihm gegenüber großzügig
erkenntlich zeigen.
Er sah einen lahmen Mann, und er machte dessen Glieder
wieder beweglich;
Der lahme Mann ließ keinerlei Dankbarkeit erkennen.
Orunmila rief ihn zurück
Und fragte, weshalb er ihm keine Dankbarkeit erweise.
Er sah einen Albino, berührte dessen Haut;
Die Haut des Albino gewann ihr normales Aussehen
zurück.
Er sah einen buckligen Mann, und er berührte dessen
Buckel;
Der Buckel auf seinem Rücken fiel zu Boden.
Er rief den Mann zurück und fragte ihn, weshalb er
undankbar sei.
Er fand eine Frau, die in den Wehen lag;
Er nahm sich ihrer an,
und sie wurde sicher entbunden.

Er traf Leute, bei denen jemand an einer Krankheit
    gestorben war;
Der Verstorbene, in einem Sarg aufgebahrt, sollte gerade
    bestattet werden.
Orunmila stoppte die Trauerversammlung und erweckte
    den Toten zum Leben.
Sie alle jubelten Orunmila zu, indem sie riefen: «Alle
    Ehrerbietung Seiner Majestät!»
Orunmila gelangte zu einem anderen Platz,
Wo der Tod jemanden in Furcht versetzte.
Orunmila begann herausfordernd zu singen:
«Falls ich den Tod erblicke, werde ich ihn im Kampf
    zermalmen.
Falls ich den Plagegeist der Pest zu Gesicht bekomme,
    werde ich ihn im Zweikampf überwinden;
Woroji, woroji, wo!»
Der Tod flüchtete aus Angst vor Orunmila;
Die Pest ergriff die Flucht, um Orunmila zu entrinnen.

Er ist Arzt:

Ela (eine andere Bezeichnung für Orunmila) löst es, Ela
    bindet es,
Verkündete das Orakel über Orunmila,
Und es sagte, daß die Patienten, die er behandelt,
Alle vollständige Heilung erlangen werden.

Er ist Retter:

Ela Wori rettet die Welt vor dem Untergang:
Als die Welt von Obalufe in Verwirrung geriet,
Stellte Ela Wori wieder Ordnung in ihr her;

Als die Tabubrecher von Akila die Stadt verdarben,
Brachte Ela Iwori das wieder für die Leute in Ordnung.
Als in der Stadt Okerekese der Tag zur Nacht wurde und
    die Weisen der Stadt keinen Rat mehr wußten,
Kam Ela Iwori ihrem König, Oluyori, mit einem Gegen-
    mittel zu Hilfe:
Wann immer Elegbara vorhat, die Welt auf den Kopf zu
    stellen,
Hält Ela Iwori ihn davon ab;
Ela Iwori bekommt kein Geld,
Ela Iwori bekommt keine Kolanüsse,
Doch ist er es, der unglückliche Geschicke wieder in
    Ordnung bringt.

Hier ein Beispiel für eine Weissagung und den Umgang mit
ihr seitens des Babalawo. Eine Frau, die keine Kinder zur
Welt bringt, kommt zur Weissagung zu einem Babalawo. Er
wirft das Orakel. Das Odu heißt Iworidi.

| ‖
‖ |
‖ ·|
| ‖

Es lautet folgendermaßen:

*Kosi Abiyamo ti ko lee bi Awo l'omo Kosi Abiyamo ti ko lee bi
Orunmila. Baba eni, bioba bi'ni ni pipe, Bopetiti, a tun nbi
Baba eni l'omo' Yeye eni, bioba bi'ni ni pipe, Bopetiti, a tun nbi
Yeye eni l'omo. A daa f'Orunmila, ti o wipe: Oun maa m'Orun*

bo wa si aye, Oun maa mu Aye lo s'Orun. Ki o baa le se bee dandan, Ifa ni ki o ru ohun-gbogbo ni mejmeji, Abo ati aka bayi: Agbo kan, Agutan kan, Obujo kan, Ewure kan, Akuko-adiye kan, Agbebo-adiye kan; ati beebee lo. O gbo o rubo, Bee ni aye nbisii ti won si nre sii.

Keine gebärfähige Frau ist außerstande, einen Ifa-Priester zur Welt zu bringen. Keine gebärfähige Frau ist außerstande, Orunmila zur Welt zu bringen. Wenn unser Vater uns denn leiblich zur Welt bringt, werden naturgemäß wir wiederum ihn zu gegebener Zeit zur Welt bringen. Wenn unsere Mutter uns denn leiblich zur Welt bringt, werden naturgemäß wir wiederum sie zu gegebener Zeit zur Welt bringen.

Das Ifa wurde für Orunmila befragt, als er sagte: Ich werde den Himmel hinunter auf die Erde bringen, ich werde die Erde empor in den Himmel holen.

Auf daß er mit seinem Vorhaben Erfolg habe, wurde ihm aufgetragen, alles zweifach zu opfern, ein männliches und ein weibliches Exemplar.

Daher: Ein Schafbock und ein Lamm; eine männliche und eine weibliche Ziege; ein Hahn und eine Henne; und so weiter. Orunmila hörte es, beherzigte es, gehorchte und führte die Opferung durch.

So wurde die Erde fruchtbar, und alles mehrte sich sehr.

Das Odu bezieht sich auf das Problem der Klientin. Es erklärt, daß sie Kinder haben kann. Der Babalawo wird daraufhin abermals das Orakel werfen, um die spezielle Opferung herauszufinden, die für die Erfüllung ihres Wunsches notwendig ist.

Die Weissagung wird genaue Angaben darüber machen,

welcher Orischa beschwichtigt, welches Opfer dargebracht werden muß und was die Klientin in ihrem Leben zu ändern hat. Doch nur indem er Orunmila zu Rate zieht, ist der Babalawo in der Lage, Lösungen zu ermitteln und vorzuschlagen. Orunmila kann bei buchstäblich jedem menschlichen Problem Abhilfe schaffen.

Jedes der folgenden sieben Kapitel listet zu Beginn die Qualitäten der «Kinder» des jeweiligen Orischa auf. Diese Listen sollten für Sie brauchbare Anhaltspunkte sein, um Ihren persönlichen Schutzgeist zu ermitteln. (Mit völliger Sicherheit kann Ihr Schutz-Orischa nur durch die Weissagung eines Babalawo bestimmt werden.) Danach werde ich geeignete Opfergaben empfehlen und den besten Wochentag, um diese darzubringen. Mögen Sie in den Orischa Vorbilder erkennen für die Stärke und Weisheit, die Sie zum erfolgreichen Beschreiten Ihres Lebensweges brauchen.

8 ELEGBARA/ESCHU – der Orischa mit den zwei Gesichtern

*Akakanika li aa pe Ifa, Akakinika le aape
Odu.*
*Alapasapa-i jaka lu liaape Esu Odara,
Eye kan fo feerefe-o-wole li aape aje-
omo Olukun-son-de Oba Olubo-omi,
Ogo Owoni.*
Esu-Odara, iwo liote ilu di yi do.
*Iwo nikiijeki ebi kiopa Onisegun ilu;
Iwo nikiijeki ebi ilu yi ree, Emi Adahunse
ilu yi ree, Esu-Odara majekebi pa mi atee
beebee.*
*Ewe Ifa naa: Ewo Abomoda kan, ebu
(erupe agbede) aro,
efun ati osun. Ao te Odu Osetura lori
erupe-agbede
tiabuwale, ao sa Igede tiowa loka yi bi a
ti pee*

*sibiyi sori erupe (ebu) naa, kiadaa pomo
efun
li owo otun lati fi te odu Ose, kiadaapomo
osun
li owo osi pelu erupa naa lati fi te Odu
Otura
si ara ewe Abamoda naa. Kiapa Obi
alawe merin
tiodara fun Ifa yi. Owu dudu ati funfun
niki a
papo fi sooro soke ninu ile. Eyo ataa re
meje ate
awe Obi kan niki a maa je fi fun un nibiti
a sooro si. Ao maa fisa Igede naa biatipee
nibiyi
lojo o jumo.*

Akakanika ist der Name für Ifa; Akakinika ist der Name für Odu. Alapasapa-i jaka lu ist der Name für Eschu-Odara. Eschu-Odara, Du hast diese Stadt gegründet. Du hast die Babalawos der Stadt vor dem Verhungern bewahrt. Du hast die Ärzte der Stadt ebenso wie die Kräuterheilkundigen vor dem Verhungern bewahrt. Ich bin der Babalawo der Stadt. Ich bin der Arzt der Stadt. Ich bin der Kräuterheiler der Stadt; laß mich nicht verhungern. Laß mich nicht ohne Reichtum, Frauen und viele Kinder sein.

Osetura

Kinder von Eschu mögen gern
- Sex
- Spaß
- Menschenansammlungen und Parties
- Reisen
- gutes Essen
- Wein oder Spirituosen
- Zigaretten oder Zigarren
- Tanzen
- farbenprächtige Kleidung
- Mode
- viele Freundschaften mit Angehörigen ihres eigenen Geschlechts
- Kommunikation
- Kino und Theater

Sie haben Schwierigkeiten
- in einem abgegrenzten Bereich tätig zu sein
- monogam zu leben
- Befehle entgegenzunehmen
- innerhalb eines großen Kollektivs zu arbeiten
- pünktlich zu sein
- wohlorganisiert zu sein
- Diät zu halten
- Rauchen oder Trinken aufzugeben
- sich an ein förmliches Übungsprogramm zu halten
- mit Langeweile fertig zu werden

Sie haben einen hochentwickelten Sinn für
- richtig und falsch
- Humor
- Streiche
- Vergeltung
- Sinnlichkeit

Ebos für Eschu Eschu, einer aus dem Ifa-Pantheon der kriegerischen Orischa, mag gern stark gewürzte Speisen. Chilischoten, Pfefferkörner und Jalapeños (Jalapa-Chilis) sind passende Opfergaben für Eschu. Eine starke Zigarre, Rum, Gin oder Bier stehen ebenfalls hoch in seiner Gunst. Mit rotem Palmöl – einem Grundnahrungsmittel für alle Orischa mit Ausnahme von Obatala – übergießt man Eschu oft, oder man schüttet es vor seinem Bildnis aus. Taube, Hahn und Ziegenbock, sie alle werden Eschu geopfert. Viele seiner Anhänger beginnen jeden Tag damit, kaltes Wasser über Eschu oder vor ihn hin zu sprenkeln, um auf diese Weise sein Temperament «abzukühlen» und für sich selbst einen erfreulichen Tagesverlauf zu erbitten. Hier nun mein tägliches Gebet zu Eschu, das ich rezitiere, während ich das Opfer darbringe:

Eschu, bitte mache mir die Bahn frei, öffne mir die Türen und ebne mir meine Wege, und mache die Bahn frei, öffne die Türen und ebne die Wege für die, die ich liebe.
Und bitte mache nicht die Bahn frei, öffne nicht die Türen und ebne nicht die Wege für die, die mir oder denen, die ich liebe, Leid zufügen wollen.

Eschus Tag ist der Samstag.

Eschu ist der am meisten mißverstandene unter den Orischa. Er ist auch einer der mächtigsten. Eschu herrscht durch die *Ajogun* – die nützlichen und die schädlichen Kräfte des Universums. Diese Kräfte wurden von Oludumare (GOTT) dazu befähigt, entweder gut und großmütig oder schlecht und bösartig zu sein. Die guten *Ajogun* bescheren Reichtum, Kinder, Ehefrauen/Ehemänner, Erfolg, Liebe und so weiter, die bösen bringen Tod, Krankheit, Verlust, Unrast des Geistes und ähnliches Ungemach. Eschu herrscht über alle *Ajogun* und kann liebenswürdig und großmütig sein, wenn man ihm positiv gegenübertritt, oder den dämonischen Kräften der bösartigen *Ajogun* freien Lauf lassen, wenn er provoziert wird. Damit erfüllt Eschu eine doppelte Aufgabe im menschlichen Dasein, ist zuständig für Gutes wie für Schlechtes. Eschu dient, durch das Opfer, als Bote zwischen den Menschen und den anderen Orischa sowie zwischen den Menschen und GOTT.

Bi a ba rubo, ki a mu t Esu Kuro.

Welches Opfer auch dargebracht wird, eine Portion davon gehört Eschu.

Nichts kann ohne seine Hilfe gelingen. In allen Zeremonien steht er an erster Stelle und muß von allen Opfergaben seinen Anteil bekommen. Ein Ifa-Priester singt währenddessen:

Die Welt ist in Stücke gebrochen;
Die Welt ist weit aufgerissen,
Die Welt ist entzwei und hat niemanden, der sie
    wiederherstellen könnte;

Die Welt ist aufgerissen und hat niemanden, der den Riß
flicken könnte.
Befragt das Ifa-Orakel nach den sechs Ältesten
Aus der Überlieferung von Ile Ife.
Sie wurden gebeten, sich um Mole zu kümmern.
Ihnen wurde gesagt, sie würden Erfolg haben,
Wenn sie Opfer darbringen.
Wenn Eschu kein Opfer dargebracht wird,
Wird das dem Himmel nicht gefallen.

Ose Meji

Eschus Bedeutung ist klar, doch die ersten christlichen Missionare waren überzeugt, Eschu sei der Teufel. Diese Missionare verwechselten Eschus Fähigkeit, jene, die keine Opfer darbringen, an der Nase herumzuführen und zu bestrafen, mit einer ureigenen Neigung dazu. Eschu straft, doch er straft nicht willkürlich. Eschu belohnt, doch er belohnt nicht den, der es nicht verdient. Seine scheinbaren Widersprüche sind eigentlich gar keine. Eher sind sie logische Reaktionen auf das Verhalten der Menschen. Aus der christlichen Perspektive göttlicher Vergebung mag Eschus Vorgehen gegenüber denen, die ihren Verpflichtungen nicht nachkommen, tatsächlich äußerst schroff und unversöhnlich wirken, als das Werk «eines Teufels». Doch in der Joruba-Kosmologie – in der das Universum alle Möglichkeiten umfaßt, gute wie schlechte, und jeder Mensch Gelegenheit hat, Hand in Hand mit natürlichen Kräften Kontrolle über sein Geschick auszuüben – wird das Versäumnis, sein eigenes Schicksal zu lenken, als ein Akt himmelschreiender Torheit mit potentiell furchtbaren Konsequenzen betrachtet. Diese Konsequenzen fallen unter Eschus Verantwortung!
Für jene, die mit der und nicht gegen die natürliche Ord-

Onagbara Eschu. Die Maske trägt man bei Ritualen zur Verehrung dieses Orischa auf dem Kopf.

nung des Universums arbeiten, die im buchstäblichen wie im übertragenen Sinn «Opfer bringen», ist das Potential unbegrenzt, und der Lohn übersteigt unser Begriffsvermögen. Auch dafür ist Eschu verantwortlich! Wie bei allen Dingen im Ifa gilt: Jeder einzelne selbst «krönt *seinen* Kopf». Die Entscheidung, ob man eine Krone oder eine Narrenkappe trägt, ist eine persönliche Angelegenheit, und Eschu erwartet eine Entscheidung. Eschus Verehrer bezeichnen ihn häufig als «Baba» oder Vater. Sie sind als Eschubiyi (Eschus Sohn) oder Eschugbayi (jemand, auf den Eschu Anspruch erhebt) bekannt.

Eschus Mütze steht häufig im Mittelpunkt seiner Mythologie. Eine berühmte Erzählung der Joruba dreht sich um zwei Farmer, einer des anderen Nachbar und Freund, die es unterlassen hatten zu opfern. Eschu mit seinem dreifarbigen Hut, zu je einem Drittel rot, weiß und blau, ging zwischen diesen beiden Bauern hindurch die Straße entlang.

«Hast du den Burschen mit dem roten Hut bemerkt?» fragte der erste Bauer.

«Nein», antwortete sein Freund und Nachbar, «da ist schon ein Bursche vorbeigekommen, aber sein Hut war blau und weiß.»

«Du irrst dich», behauptete der andere mit Nachdruck.

«Nein, du siehst nicht richtig», gab der zweite scharf zurück.

Bald schon griffen beide zu immer gröberen Beleidigungen, und schließlich versuchte jeder den anderen handgreiflich zu überzeugen. Man schleppte sie vor den örtlichen *Oba*, und beide erzählten dort jeweils ihre Version der Geschichte. Als der *Oba* sie gerade wegen der Prügelei verurteilen wollte, erschien unvermittelt Eschu und erklärte, er habe für die Probleme der Männer gesorgt, weil sie nicht geopfert hätten. Das war ihnen, hoffentlich, eine Lehre. Eschus Fähigkeit, plötzlich aufzutauchen, ist eines seiner vielen magischen Attribute. Im Nu kann er überallhin auf der ganzen Welt reisen, und die Geschwindigkeit, mit der er die Opfergaben zu Oludumare bringt, macht es möglich, daß sich Ihnen Wege und Türen schnell auftun, wenn das nötig ist.

Logemo orun; A-nla-ka lu; Papa-wara; A-tuka-ma-se-sa

Das zügellose Kind des Himmels; er, dessen Größe sich überall manifestiert; der in Eile Begriffene, Plötzliche; er, der alles in Stücke bricht und mit logischem Denken nicht zu fassen ist!

Eschu ist ferner Herr über das göttliche *Asé*, die innere Energie und Kraft, die uns den Zugang zur rechten Hirnhälfte und zur Nutzung ihrer Kräfte ermöglicht. *Asé* ist der Aura, Seele oder Spiritualität ähnlich, ist jedoch mehr als diese. Es ist ein lebendiger, atmender, spürbarer Energiefluß, der, entsprechend Ihrem Verhalten, entweder zu- oder abnehmen kann.

Es wird angenommen, daß Oludumare, nachdem er solche Übel wie Tod, Krankheit, Gebrechen, Seuche, Siechtum, Wut, Eifersucht, Streit und Verlust in die Welt gesetzt hatte und nachdem er denn solche Segnungen wie Liebe, Ehefrauen, Ehemänner, Kinder, Geld und langes Leben beschert hatte, Eschus Kräfte schuf. Eschus Kräfte ermöglichten ihm, die Auswüchse des Bösen, dessen Energie andernfalls grenzenlos gewesen wäre, zu kontrollieren und zu begrenzen. Durch die Möglichkeit, die Kräfte des Bösen mittels Opfergaben zu kontrollieren, macht Eschu den Männern und Frauen, die auf der Erde leben, die guten Dinge und die Orischa, welche diese symbolisieren, verfügbar. Dies besagt keineswegs, Eschu sei ein weihevoll daherkommender Vollstrecker der Gerechtigkeit. Oh, nein, das würde sich auch überhaupt nicht mit der für die Joruba charakteristischen Sicht des Lebens vertragen. Sorbas der Grieche könnte sehr wohl Joruba gewesen sein, denn die Joruba glauben, daß das Leben dazu da ist, Freude daran zu haben. Eschu symbolisiert diese Lebensfreude, und er selbst hat Freude an jeder Minute eines jeden Tages.

Er liebt Musik, Tanz und Lachen. Er liebt gutes Essen und Wein. Mäßigung ist ein Charakteristikum anderer Orischa, nicht von Eschu. Was er will, das will er, und er will es jetzt. Sein Geschlechtstrieb ist unersättlich, und jede männliche Eschu-Figur weist entweder eine dornartig aufgerichtete Haarsträhne oder einen Eisendorn auf, um seine unerschöpflichen phallischen Möglichkeiten zu symbolisieren. Obgleich meist in der männlichen Form dargestellt, bestehen die Eschu-Altäre in Nigeria aus männlichen wie aus weiblichen Eschu-Figuren. Die männliche Figur hält üblicherweise Schwerter, Speere oder Fliegenwedel (Symbole magischer Kraft) in der Hand; die weibliche umfaßt ihre großen, milchgefüllten Brüste. Eschu weist, wie alle Orischa im Joruba-Pantheon, sowohl männliche als auch weibliche Merkmale auf – genau wie alle Menschen beide Züge besitzen.

Für Eschu darf es keine Langeweile geben. Unbekümmert provoziert er ohne weiteres Konflikte oder Ärger, bloß um ein bißchen «action» zu haben. Er macht von List und Sinnestäuschung Gebrauch, zur Bestrafung ebenso wie zur Belohnung. Kräutermagie und Medizin beherrscht er meisterlich.

Zwei Eschu-Figuren als Paar (Imodi, Nigeria).
Die männliche Figur zeigt Eschu als Jäger. Die weibliche Figur trägt
Medizinflaschen als Haartracht.

Wenn jemand seinen Eschu vom Babalawo empfängt, so bringt das bestimmte Verpflichtungen mit sich. An jedem Samstag muß Eschu verpflegt werden. Man sollte ihm Gin oder Rum aufs Gesicht spucken: Ihr *Asé* – ein Geschenk von Eschu und zu einem Teil in Ihrem Speichel enthalten – geht auf diese Weise eine Verbindung mit der Flüssigkeit ein, die er empfängt. Rotes Palmöl sollte man auf die Oberfläche seiner Statue reiben oder vor sie hingießen, man kann geröstete Mais- oder Getreidekörner auf einen Teller geben und eine weiße Kerze für ihn anzünden. Und dann können Sie Eschu bitten: «Mache mir die Bahn frei, öffne mir die Türen und ebne mir die Wege, und mache die Bahn frei, öffne die Türen und ebne die Wege für die, die ich liebe. Und bitte mache nicht die Bahn frei, öffne nicht die Türen und ebne nicht die Wege für die, die mir oder denen, die ich liebe, Leid zufügen wollen.» Dieses einfache Gebet deckt eine Vielzahl von Möglichkeiten ab, sollte Sie jedoch nicht davon abhalten, um die Lösung spezieller Probleme oder die Erfüllung spezieller Wünsche zu bitten.

Denken Sie daran: Eschu ist kein Spielzeug und kein Spiel. Er ist eine reale und mächtige Energiequelle. Geben Sie acht, worum Sie bitten. Wiewohl wir im Ifa glauben, daß unsere Wünsche mit größerer Wahrscheinlichkeit rational und nicht destruktiv sind, wenn wir mit uns selbst eins und uns unseres Bezugs zum Universum voll bewußt sind, so ist dessen ungeachtet ganz klar, daß wir aufpassen sollten, nicht willkürlich zu handeln.

Eine der berühmten Eschu-Erzählungen ist die, wie der Listenreiche selbst gelegentlich überlistet werden kann. Ein Verehrer ging zu seinem Eschu und begann, die Figur mit Palmkernöl einzureiben. Nun ist in der Mythologie des Ifa Palmkernöl etwas, das Eschu einfach haßt! Während er die

Figur mit dem Öl einrieb, sagte der Mann: «Eschu, ich weiß, du haßt dieses Zeug, und wenn es nach mir ginge, würde ich es dir niemals geben, doch der Soundso bestand darauf, daß ich es tue.» Nachdem er die Kräfte aktiviert hatte, rechnete er damit, daß Eschu den Mann, der ihn angeblich dazu angestiftet hatte, Eschu das anstoßerregende Zeug zu verabreichen, mit seiner Rache heimsuchen werde. Sobald Eschu sein Vorhaben in die Tat umgesetzt hatte, wollte der Betreffende die Figur vom Palmkernöl reinigen und dieses durch rotes Palmöl ersetzen, um den Orischa zu besänftigen. Ich persönlich würde nicht versuchen, Eschu übers Ohr zu hauen. Es kann dumm enden, wenn man zu clever sein will.

Eschu schlief im Haus,
Doch das Haus war für ihn zu klein.
Eschu schlief auf der Veranda,
Doch die Veranda war für ihn zu klein.
Eschu schlief in einer Nuß,
Endlich konnte er sich ausstrecken.
Eschu ging durch eine Erdnußfarm.
Sein Haarschopf war gerade noch zu sehen.
Besäße er nicht seine enorme Größe,
Wäre er gar nicht zu sehen gewesen.
Mit einem Stein, den er gestern geworfen hat,
Tötet er heute einen Vogel.
Wenn er sich hinlegt, stößt sein Kopf ans Dach.
Wenn er aufsteht, kann er nicht in den Kochtopf reingucken.
Aus richtig macht Eschu falsch,
aus falsch richtig.

Joruba-Gebet

Groß und klein, lang und kurz, aktiv und inaktiv – bloß ein paar der scheinbar widersprüchlichen Facetten dieses mächtigen Orischa. Doch in einem übergeordneten Sinn gibt es da überhaupt keine Widersprüche, denn Eschu repräsentiert Wahlmöglichkeiten – Ihre Wahlmöglichkeiten. Daß Sie diese als begrenzt betrachten, liegt nur an Ihrer Wahrnehmung; Eschu weiß, daß Grenzenlosigkeit wirklich existiert. Sie können, wie dieser edle Prinz aus dem Joruba-Pantheon, groß oder klein, gut oder böse, fürsorglich oder grausam, generös oder egoistisch, liebevoll oder selbstgefällig sein. Er führt Sie, im Unterschied zum christlichen Konzept des Teufels, nicht in Versuchung oder ermuntert Sie, die falsche Wahl zu treffen. Eher belohnt er Sie dafür, daß Sie richtig wählen. Wenn Sie, aus eigener Entscheidung, das Falsche tun, benutzt er eben diese Handlungen, um zu strafen und um Ihre Torheit zu verdeutlichen. Grausam? Nein, bloß realitätsgerecht. Wenn wir die Regenwälder abholzen, unsere Gewässer verschmutzen und unsere Luft verpesten, werden die Folgen so grausam und unabänderlich sein, wie Eschu sie nicht schlimmer ersinnen könnte. Weder er noch das Universum, dessen Teil wir sind, «vergibt». Falls wir unsere Fehler überleben, lernen wir aus ihnen. Wenn wir uns Narrenkappen aufgesetzt haben, müssen wir sie abnehmen. Wenn wir Opfer bringen, kommen wir voran und überleben.

Das ist Eschus Rolle. Obgleich er sorglos, vergnügungssüchtig und nicht gewillt ist, sich «festlegen zu lassen», ist sein Gerechtigkeitssinn ausgeprägter als – von Obatala und Ogun abgesehen – bei irgendeinem anderen Orischa. Und sein ungebundener Lebensstil und sein «Spaß an der Freude» stehen genausowenig im Widerspruch dazu wie irgend etwas von dem, was er sonst tut. Eher sind sie Beispiele, die hoffentlich unser tiefverwurzeltes Empfinden von vermeintlich drohendem Unheil, Unfähigkeit und Hilflosigkeit gegenüber dem Leben und unserer Rolle darin auslöschen können. Eschu sagt: «Das Leben kann Spaß machen, sich lohnen und spannend sein, wenn Sie die richtigen Entscheidungen treffen.» Wie bedauerlich, daß die meisten von uns dazu erzogen worden sind zu glauben, die «richtigen» Entscheidungen schlössen persönliches Vergnügen und Zufriedenheit aus! Das ist vielleicht die wichtigste Botschaft Eschus, des Boten zwischen GOTT und den Menschen.

9 OGUN – Mann des Kampfes

Ogun meje l Ogun mi:
Ogun Alara ni gb aja;
Ogun Onire a gb agbo;
Ogun Ikola a gba gbin;
T Elemona ni gb esun-su.
Ogun Akirin a gba iwo agbo;
Ogun gbena-gbena eran ahun l o ma je.
Ogun Makinde ti Ogun l ehin odi-
Bi on ko ba gba Tapa a go Aboki.
A gba Uku-uku, a gba Kemberi.

Es gibt sieben Ogun, die in
Verbindung zu mir stehen:
Der Ogun von Alara ist derjenige,
der Hunde erhält;
Der Ogun von Onire erhält stets
Widder;
Der Ogun des Messers [Chirurgie]
erhält Schnecken;
Der von Elemona ist derjenige, der
geröstete Jamswurzel erhält;
Der Ogun von Akirin erhält eines
Widders Horn;
Der Ogun der Handwerker ißt
Schildkrötenfleisch;
Der Ogun von Makinde – er ist der
Ogun des offenen Geländes;

Er erhält entweder Rinde des
Papier-Maulbeerbaums
oder ein Aboki,
Oder er erhält ein *Uku-uku* oder ein
Kemberi.

Ogun on ile owo, olona ola, on il
kangun-kangun ti mbe l orun.

Ogun, der Herr vom Haus des
Geldes, der Herr vom Haus des
Reichtums, der Herr von unzähligen
Himmelshäusern.

Orisa ti o wipe t Ogun ko to nkan
a f owo je su e n igba aimoye.

Welche Gottheit auch immer Ogun
keinen Respekt zollt, wird seine
Jamswurzeln mit den Händen
[ohne Messer] essen.
Die Vier ist Oguns Zahl.
Der Palmwedel [*Mariwo*] wird für
seine Anrufung benutzt.
Der Hund ist sein besonderer Freund
und Gefährte.

Ogun besitzt hohes Alter.
Er besitzt Langlebigkeit,
Er besitzt Unsterblichkeit.
Er kennt keinen Verfall,
Von Zeit zu Zeit erteilt er
Segnungen,
Er gewährt sie dir.

Segnung durch einen Ogun-Priester

Ogun könnte Ihr Schutz-Orischa
sein, falls Sie

● einen ausgeprägten Sinn für richtig
und falsch haben
● schnell beleidigt sind
● an physischen Dingen Gefallen
finden
● kleine Gruppen großen
Menschenmengen vorziehen
● lieber etwas tatsächlich «tun», statt
nur darüber zu reden
● zu robustem Körperbau neigen
● eine Beziehung zu Metallen haben
● Wald oder Gebirge dem Meer oder
ländlichen Gegenden vorziehen
● feststellen, daß andere von Ihnen
erwarten, Dinge für sie zu tun
● Schwierigkeiten haben, andere an
Ihren Gefühlen teilhaben zu lassen
● angesichts des anderen Geschlechts
in Verwirrung geraten

Ebos für Ogun Ogun, ein kriegerischer Orischa, hat gern alle Dinge scharf
und würzig. Jede Art von Pfeffer und Paprika, stark gewürzte Speisen, Spirituosen wie Rum, Gin oder hochprozentiger Wodka, schwarze oder dunkle
Zigarren, rotes Palmöl und, ab und zu, Honig sind allesamt als Opfergaben
geeignet. Hahn und Ziegenbock werden ebenfalls geopfert. Weil er der Orischa des Metalls ist, gibt es insbesondere zwei Ebos, die zu seiner Domäne gehören: Im Fall eines chirurgischen Eingriffs kaufen Sie bitte sechs verschiedene
Sorten von Bohnen. Diese weichen Sie über Nacht in Wasser ein, und am
nächsten Tag braten Sie sie in Palmöl mit reichlich Paprika, Cayenne-Pfeffer
und Tabasco-Sauce. Sie können auch noch Zwiebeln und Knoblauch hinzu-
fügen. Geben Sie dieses Gericht auf einen Teller, und opfern Sie es Ogun für
ein erfolgreiches Gelingen der Operation.

Wenn Sie sich einen neuen Wagen kaufen oder einen verkaufen wollen,
holen Sie sich bitte ein preiswertes Stück Fleisch im Supermarkt. Nehmen Sie
das rohe Fleisch und reiben Sie damit alle vier Reifen des Automobils ein, während Sie Ogun um seinen Schutz und Segen bitten. Lassen Sie das Fleisch an
einer Eisenbahnstrecke liegen.

Oguns Tag ist der Dienstag.

Ogun ist für Westler eine schwierige Orischa-Energie. Mit ihm fühlen wir uns nicht recht wohl. Dies gilt insbesondere für Frauen.

Eine der berühmtesten Erzählungen über Ogun beispielsweise berichtet von einer Zeit, da er durch die Wälder streifte und auf eine Gruppe seiner Patenkinder oder Anhänger traf. Sie saßen im Kreis und hatten offenkundig alle tüchtig dem Palmwein zugesprochen. Ogun, erhitzt und müde von seiner Tagesreise, musterte die Männer mit strengem Blick und verlangte einen Drink. Die Männer kicherten nur. Augenblicklich zog Ogun sein Schwert und enthauptete einen nach dem anderen. Diese unkontrollierte Wut über reale oder vermeintliche Ungerechtigkeit ist für Westler besonders schwer zu verstehen. Nachdem er seine Wut ausgetobt hatte, griff er nach einer Flasche Wein, mußte jedoch feststellen, daß sie leer war: Flasche für Flasche, immer dasselbe Resultat. Ogun wurde klar, daß die Männer nicht grob unhöflich gewesen waren, sondern schlicht und einfach nichts mehr anzubieten gehabt hatten. Und in der Zerknirschung des Augenblicks stürzte er sich in sein Schwert und fuhr in den Himmel auf. Seither sind alle Anhänger Oguns wie auch viele andere Orischa-Verehrer sorgsam darauf bedacht, Flaschen hinzu*legen*, sobald diese leer sind, auf daß weder Verwirrung noch Leid über sie kommen möge.

Schauplatz einer anderen Erzählung über Ogun ist die Joruba-Stadt Ire Ekiti. Während ihres Oriki-Festes müssen die Stadtbewohner Nahrung und Palmwein in absolutem Schweigen genießen. Auf der Rückkehr von seinen Heldentaten als Krieger verläuft Ogun sich im Wald und gerät zufälligerweise in eine Oriki-Versammlung. Durstig und müde, erwartet er von der Gruppe, gastlich aufgenommen zu werden. Doch begrüßt wird er einzig und allein mit Schweigen und mit Blicken, die ihn mit einer gewissen Feindseligkeit anstarren. Das macht Ogun rasend vor Wut, und er tötet die Unschuldigen. Ein Passant klärt ihn über seinen Aufenthaltsort und über das gebotene Schweigen beim Oriki-Fest auf. Ihm wird klar, daß er seine eigenen Leute niedergemetzelt hat. Von Zerknirschung überwältigt, stürzt er sich in sein Schwert, und die Erde nimmt ihn in sich auf.

Dieses vorschnelle Verhalten irritiert vor allem gebildete Menschen. Ziel unserer Erziehung ist meistens, daß wir höflich, brav und besonnen reagieren. Und je höher unser Status wirtschaftlich oder in puncto Ausbildung ist, um so stärker verwurzelt ist dieses Verhalten. Als Resultat jahrelanger Disziplinierung und Bestrafung jeder «Widerspenstigkeit» haben viele Ogun-Kinder gelernt, ihre primäre Energiequelle so weit zu verdrängen, daß sie manchmal, oberflächlich gesehen jedenfalls, mit den Kindern von Obatala oder Jemonja verwechselt werden. Diese Verdrängung ist tendenziell vor allem für Frauen schädlich und kann sogar äußerst gefährlich sein.

Vor Jahren wurde ein reizendes junges Mädchen von ihrer Mutter zu mir gebracht. Die Auslegung des Orakels ergab bei ihr einige Hinweise auf männlich-aggressive Orischa-Energie. Wie sich herausstellte, hatte sie ein anderes Mädchen körperlich angegriffen und ziemlich übel zugerichtet. Die Tatsache, daß die beiden ein Auge auf denselben jungen Mann geworfen hatten, erwies sich bei dem gerichtlichen Verfahren, das auf Initiative der Eltern ihrer früheren Freundin eingeleitet worden war, kaum als mildernder Umstand. Denn wie sich herausstellte, hatte es in der Vergangenheit bereits ähnliche Vorkommnisse gegeben.

Hier war nun ein hübscher Teenager, der infolge von sozialem Druck und aufgrund elterlicher und gesellschaftlicher Erwartungen gelernt hatte, seine instinktiven Orischa-Reaktionen zu verdrängen, statt mal wütend zu werden oder forsch die eigene Meinung zu äußern – bis diese Energien sich gelegentlich in solch unangemessenem Verhalten entluden wie dem, das sie zu mir geführt hatte, damit sie Hilfe erhielte.

Die Kinder von Ogun dürfen nicht verdrängen. Obwohl es kaum angebracht ist, daß Sie jemandem, der Sie im Straßenverkehr schneidet oder Ihrer Angetrauten zu nahe tritt, den Kopf abhacken, ist es doch unbedingt notwendig, der Emotion dann, wenn Sie sie spüren, irgendwie Ausdruck zu verleihen.

Kinder von Ogun müssen ihre Energie insgesamt verstehen und nicht bloß deren explosive Seite. Dafür müssen Sie sich als erstes in das Odu, das Ogun auf die Welt gebracht hat – Ogundameji –, vertiefen.

Alagbara ni napkun Ade li o difa fi'Ogun, a miki o ru. Agada, akuko-adiye ati esun-isu. Ifa mi: Agada ye ni Ogun maafise ise Oro, kiomaa muu Iowo kaakiri, a ni ki o je esun-isu naa, o jee, orungbe si ngbee, o lo si odo lo mu omi, bi o ti mu mi tan, o ri awon meji kanti nji nitori eja kan ti wonpa, Ogun niki awon mejinaa nu suuru ki won lo pin oja naa ni ile, won ko, eki ni so pe Iwonran ni oun ti wa, ekeji si so pe ni Iwald ni oun ti wa, lehin gbogbo eyiti won so fun un, o fiada tiowa ni owo re da eja naa si meji fun won, Ekinni dupe lowo re. O ni: Oun nfe kiofi agada owo re yi laona wa de ilu oun, O ni oun a soo di Olono, o ni owono yoo te opolopo inkan ti oju ko niifi pon on kiotoo de odo oun. Enikeji tun dupe, o bee ki o masai la ona wa da ilu oun bakanna. Ogun ni oun gop. Nje ojo ti – Ogun ti da eja si meji fun awon meji ti nja li a tinpe ni.

Alagbara ni napkun Ade weissagte für Ogun. Der erhielt den Rat, eine Machete, einen Hahn und eine geröstete Jamswurzel zu opfern. Ihm wurde geraten, jederzeit sein Schwert dabeizuhaben, weil ihm dies Reichtum bringen werde. Ihm wurde geraten, geröstete Jamswurzel zu essen. Das tat er. Danach war er durstig und ging zum Fluß, um Wasser zu trinken. Als er mit dem Trinken fertig war, sah er zwei Gestalten um einen Fisch kämpfen, den sie gefangen hatten. Er riet ihnen, Geduld zu zeigen, nach Hause zu gehen und sich den Fisch zu teilen. Sie hörten nicht auf ihn. Der eine Mann erzählte ihm, er komme aus dem Osten und der andere aus dem Westen, woraufhin Ogun sein Schwert zog und den Fisch entzweischnitt. Der eine Mann dankte ihm und bat ihn, einen Fußpfad freizuschlagen, damit man seine Stadt erreichen könne, wo er Ogun reich beschenken werde mit äußeren und inneren Gaben. Der andere Mann dankte ihm ebenfalls und brachte dieselbe Bitte vor. Ogun war einverstanden, und von dem Tag an, da er den Fisch entzweischnitt, ist er als Ogundameji bekannt.

Richtig eingesetzt kann dieser Sinn für Gerechtigkeit und Stärke zu positiven Resultaten führen und Nutzen bringen. Wie Ogun den Männern den Kompromiß aufzwingt, indem er den Fisch entzweischneidet, ist ein gutes Beispiel dafür und bestätigt die für ihn gemachte Weissagung, die darauf hingewiesen hatte, daß sein Schwert ihn reich machen werde.

Ogun, der Orischa des Eisens und der Metalle, ist ein wilder Krieger, ein Mann der rohen Gewalt, von Natur aus ein Einzelgänger. Kein Orischa-Mann ist jemals in den Kampf gezogen, ohne die Kräfte und den Schutz dieses mächtigen

Maske von Ogun als Jäger, die man zu seiner Verehrung auf dem Kopf trägt (aus dem Südwesten Nigerias).

Kriegers anzurufen. Doch das Odu, das Ogun in menschlicher Gestalt auf diese Welt bringt, ist kein Bild dieses gewaltigen aggressiven Potentials auf jeder Ebene, sondern ein Aufruf zum Kompromiß – ein Plädoyer für Diplomatie, nicht für ungezügelte Urgewalt.

Dies ist eine unverzichtbare Lektion für die Kinder von Ogun. In der Mythologie der synkretistischen Fassungen von Ifa wird der Ogun-Archetypus häufig als brutaler Flegel dargestellt, der Wein, Frauen und Kampf als sein tägliches Brot ansieht. Dabei tut sein Bild als Diplomat der urwüchsigen Kraft dieses Orischa der Metalle überhaupt keinen Abbruch.

Ogun hat viele Facetten und Aspekte. Er ist der Vater des Eisens, und in alten Zeiten konnten seine Kinder dementsprechend in drei größere Kategorien eingeteilt werden: Krieger, Jäger und Landwirte. Sie alle waren für eine erfolgreiche Ausübung ihres Berufs auf den Orischa der Metalle angewiesen. Bis heute gehören Messer, Speere, Pfeile und Hacken zu den Gerätschaften, die Ogun repräsentieren.

Doch lassen Sie mich noch einmal betonen, daß Ogun nicht nur der Orischa des Metalls ist, er ist damit Schöpfer, und seine schöpferische Energie ist ebenso kraftvoll wie sein kriegerisches Ich. Ferner gehören Moral und Recht in Oguns Zuständigkeitsbereich. In Nigeria war es seit undenklicher Zeit üblich, einen Eid abzulegen, in dem man auf ein Stück Metall schwor, das Ogun repräsentierte. Selbst während der britischen Besatzungszeit wurde diese Eidesform vor Gericht akzeptiert.

Oguns Wesen ist voller Lebens- wie auch voller Zerstörungskraft. Seine Kreativität kann die Gestalt eines Lehrers, Vermittlers, Erfinders oder Ratgebers annehmen. Ebenso kann sie die Gestalt eines Kriegers, Unfalls oder Schicksalsschlags annehmen. Oftmals können neue Dinge geschaffen werden, sobald es dazu kommt, daß etwas scheitert. Ogun ist von Natur aus ein äußerst harter Arbeiter. Diese Fähigkeit, unermüdlich, mit nur wenig Ruhepausen, zu arbeiten, versetzte ihn in die Lage, die Zivilisation hervorzubringen. Einerseits war das ja die Aufgabe, mit der er von Oludumare betraut worden war. Doch da gibt es, wie bei allen Orischa-Qualitäten, eine Licht- und eine Schattenseite. Für Ogun und seine Kinder besteht die Schattenseite darin, daß ihre Arbeit niemals erledigt ist. Für die Kinder von Ogun gibt es kein Sich-Zurückziehen an sandige Meeresstrände; statt dessen wird es für sie immer noch etwas zu tun geben. Manche von uns würden das als unerträgliche Belastung empfinden, doch für die Kinder von Ogun ist das einfach der Lauf der Dinge. Arbeit ist das, was sie sowohl besonders mögen als auch besonders gut machen, und Vergnügungen genießen sie intensiv und schnell.

Was für Oguns Kinder besonders schwierig ist, ergibt sich ebenfalls aus dem Ogundameji, dem Odu, das Ogun auf die Erde brachte.

Okalegbongo as − as'ofun-kiio li o difa f Ogun, won ni: biobarubo, a ko niigbo iku re laelae, gbogbo aye li o miamaa bee pe: kiobawon tun iwa won se, sugbon kosi eni kan ninu won ti yoo baa duro ro ti ara re. Agbo merin, ewure merin ati igba ademu merin ni ebo, won ru ebo naa Olofin lo ri ebo naa si igun merin aye.

Okalegbongo as'ofun-kiio weissagte für Ogun. Der erhielt den Rat, vier Schafböcke und vier große Kalebassen mit Deckeln zu opfern, um nicht zu sterben und von aller

Welt stets ersucht zu werden, er möge ihnen allen den Weg bahnen; aber niemand werde mit ihm den Kummer in seinem Leben teilen.

Kinder von Ogun neigen – womöglich aufgrund ihrer eigenbrötlerischen Natur – dazu, ihren seelischen Schmerz für sich zu behalten. Dies darf nicht mit Ärger verwechselt werden, den, wie ich zuvor verdeutlicht habe, der große Krieger-Orischa mit Leichtigkeit zum Ausdruck bringt. Gefühle wie Kummer, Verlust oder Enttäuschung sind es, die Oguns am liebsten verbergen oder leugnen, und wahrscheinlich wird darum ihr Kummer von anderen selten verstanden oder geteilt.

Kinder von Ogun haben oft ein einzelnes Kettenglied in der Tasche, denn, wie das Ogundameji darlegt, «geht ein einzelnes Kettenglied nicht entzwei». Ich glaube, dies bezieht sich ebensosehr auf den emotionalen Druck, dem Oguns alleine standzuhalten haben, wie auf allfällige physische Bedrohung. Ogun findet sich, ohne daß ihm jemand hilft, bestens in der Welt zurecht. Falls Sie ein Kind von Ogun sind, wären Sie gut beraten, wenn Sie das einzelne Kettenglied mit sich führen würden.

Oguns haben außerdem einen starken sexuellen Trieb und neigen dazu, überdurchschnittlich viele Kinder in die Welt zu setzen. Wenn es eine Ogun-Schwäche gibt, dann ist es das andere Geschlecht. Oguns, die normalerweise besonnen und resolut sind, verlieren in Liebesdingen leicht den Kopf.

In einer berühmten Ogun-Erzählung geht es darum, wie Ogun es satt hatte, fortwährend von allen und jedem in Anspruch genommen zu werden, und die Zivilisation hinter sich ließ, um im Wald zu leben. Ohne seine metallenen

Werkzeuge kam die Zivilisation zum Stillstand. All die anderen Orischa baten ihn inständig zurückzukehren . . . vergebens. Zu guter Letzt nahm Oschun, Orischa der körperlichen Liebe und des Geldes, ihre fünf Tücher und einen Honigtopf und begab sich in die Nähe des Ortes, an dem Ogun sich verborgen hielt. Weder rief sie nach ihm, noch schenkte sie ihm Beachtung oder hielt Ausschau nach ihm. Statt dessen begann sie mit ihren Tüchern einen erotischen Tanz, wobei sie gelegentlich in ihren Honigtopf hineinlangte und den Nektar auf ihren glänzenden Lippen verteilte. Ogun war fasziniert. Langsam schlich er aus seinem Versteck heraus, von der Schönheit und Sinnlichkeit dieser Orischa regelrecht hypnotisiert. Oschun tat so, als bemerke sie ihn gar nicht, und setzte ihren Tanz fort. Näher und näher schlich er sich, bis er bloß noch Zentimeter von diesem verlockenden Geschöpf entfernt war. Da langte Oschun in ihren Honigtopf und strich den Honig auf Oguns Lippen. Da gab selbst dieser kriegerische Orischa seinen Widerstand auf. Ogun folgte Oschun zurück in die Zivilisation, und das Leben der Menschen auf Erden konnte wieder weitergehen.

In der heutigen Welt ist Ogun zuständig für Waffen und Transportmittel, für Chirurgie, für Architektur, für Gold, Silber und alle anderen Metalle. Vom Taxifahrer bis zum Bauarbeiter, vom Chirurgen bis zum Juwelier, vom Bergmann bis zum Piloten – sie alle sollten dem für ihre Arbeit zuständigen Orischa Ehrerbietung erweisen.

10 OBATALA –
König der Orischa,
gerecht und weise

A o ro fo l ese Obatala l Orun.

Wir werden unseren Fall Obatala im Himmel vortragen.

Banta-banta n'nu ala!
O sun n nu ala,
O ji n nu ala,
O tinu ala dide
Ba nla! Oko Yemowo!
Orisa wu mi ni budo
Ibi re lorisha kale.

Unermeßlich groß in weißen Gewändern!
Er schläft in weißer Kleidung,
Er erwacht in weißer Kleidung,
Er steht auf in weißer Kleidung.
Verehrter Vater! Yemowos Gemahl!
Der Orischa gereicht mir zur Freude, wenn er sich an gebührender Stätte befindet;
Es ist eine wundervolle Stätte, an der der Orischa thront.

Joruba-Gebet zu Obatala

Obatala kann gut Ihr Schutz-Orischa
sein, falls Sie

- mehr kopf- als körperbetont sind
- Ideen lieben
- einen starken Sinn für Gerechtigkeit und Ehre haben
- sich nervlich leicht strapaziert fühlen
- kleine Gruppen großen Gesell-
  schaften vorziehen
- mit Ihrer Meinung bei anderen auf
  besonderes Interesse stoßen
- es vorziehen, monogam zu leben

- klassischer oder «leiser» Musik gegenüber Rock- oder Rap-Musik
  den Vorzug geben
- sich gern die Nachrichten an-
  schauen
- stets anderer Leute Verhalten und
  Motive analysieren
- Phasen des Alleinseins brauchen
- lieber zu Hause bleiben als reisen
- sich mit stark gewürzten Speisen
  schwertun
- oft Kopfweh und Schnupfen haben

Ebos für Obatala Kühles Wasser, Kokosnüsse, Milch, Honig, Kariteöl (Butter aus den Samen des Shea-Baums), Reis, milde Zigarren, Brot und Kekse sind als Opfergaben für diesen in physischer Hinsicht ein wenig empfindlichen Orischa geeignet. Schnecken, vor allem große afrikanische Landschnecken oder *Igbin*, sind eine Delikatesse für Obatala. Kolanüsse sind ebenfalls willkommen. Alkohol wird *niemals* geopfert – er ist absolut tabu für Obatala. Weiße Tauben werden geopfert, aber das Blut darf niemals auf Obatalas Steine tropfen. Anders als bei jedem anderen Orischa wird Obatala kein Palmöl geopfert.

Besondere Ebos für Obatalas Kinder Weil die Kinder von Obatala (ich inbegriffen) auf ihren Kopf achtgeben müssen und anfällig sind für Streß und Termindruck, neigen wir dazu, «heißzulaufen». Das heißt, wir werden mit Arbeit oder Verpflichtungen überschüttet und beginnen auf den mentalen Druck hin «verrückt» zu spielen. Eine einfache Art, diesen Druck abzubauen, ist, sich zwei Kokosnüsse zu kaufen. Opfern sie eine davon Obatala. Stoßen Sie zwei Löcher durch die «Augen», und lassen Sie so die darin befindliche Flüssigkeit in ein Glas oder eine Tasse laufen. Reiben Sie diese Flüssigkeit kräftig in Ihre Kopfhaut ein, besonders nachdrücklich im Bereich des Scheitelpunkts. Während Sie dies tun, bitten Sie Obatala, Ihnen Frieden und Ruhe zu bringen. Lassen Sie die Flüssigkeit für mehrere Stunden oder über Nacht auf Ihrem Haar. Die beruhigende Wirkung ist tiefgreifend.

Obatalas Tag ist der Sonntag.

Obatala ist der König der Orischa. Er ist die Essenz von Reinheit, Gerechtigkeit und klarem Denken. In gewisser Hinsicht ist er der rationalste, am stärksten «linear» rationale Orischa. Er repräsentiert außerdem den reinen und stillen Weg zur Transzendenz. In der Ifa-Mythologie ist Obatala für seine Schwächen wohl ebensosehr bekannt wie für seine Stärken. Bei allen Orischa werden außerordentliche Stärken durch ebenso große potentielle Schwächen aufgewogen. Obgleich Obatalas Klarheit für das Anwachsen seiner Weisheit und seines Rechtsempfindens unentbehrlich ist, kann die Trübung oder Störung dieser Klarheit verheerende Auswirkungen haben. Einer der klassischen Mythen im Ifa hat mit Obatalas «Sündenfall» zu tun.

Obwohl nur Oludumare den Menschen das Leben schenken konnte, war es eine von Obatalas Aufgaben, die menschlichen Gestalten aus Ton zu formen. Sobald sie in ausreichender Zahl modelliert waren, erschien dann Oludumare und hauchte ihnen Leben ein. Eines Tages trank Obatala übermäßig viel Palmwein, und in trunkenem Zustand gestaltete er eine Gruppe dieser menschlichen Figuren ohne Geschick und Achtsamkeit. Einigen fehlten Arme, anderen Beine, und selbst die, bei denen alle äußeren Körperteile intakt waren, wiesen irgendwo Mängel auf. Da er auf Obatalas Pflichtgefühl, seine präzise Arbeitsweise und persönliche Integrität vertraute, unterzog Oludumare die Figuren keiner näheren Prüfung, als er kam, um ihnen Leben einzuhauchen. Daher gibt es all die zwergwüchsigen, buckligen, gelähmten und unter anderen Entstellungen leidenden Menschen. Doch sie wurden aufgrund der grenzenlosen Reue, die Obatala über seine Verfehlung empfand, seine *Omo*-Orischa, seine Kinder, und sind ihm geweiht.

Von schwangeren Frauen kann man den Ausspruch hören: «*Korisa yana ire lo nio!*» – «Möge Obatala für uns ein gutes Kunstwerk schaffen!»

Für jene, die – wie auch ich – herausfinden, daß sie unter dem persönlichen Schutz dieses Orischa der weißen Energie stehen, ist es unbedingt notwendig, diese Erzählung ernst zu nehmen. Ich weiß, daß wir im Westen mit der Vorstellung aufwachsen, alles Spirituelle sei als Parabel oder Allegorie unseres alltäglichen Lebens zu verstehen, aber die Eigenschaften der Orischa des Ifa sind *nicht* allegorisch. Es sind klar umrissene und detaillierte Anweisungen, wie wir Zugang zu unserer nichtlinearen Energie bekommen und sie nutzen können. Also, genau wie durch Obatalas positive Attribute unser Talent und unsere Fertigkeiten sich potenzieren können, so können seine Schwächen auch zu unserem emotionalen oder physischen Versagen führen. Was die Palmweingeschichte angeht, so gilt ohne Ausnahme, daß die Kinder von Obatala im Hinblick auf exzessive Genüsse und suchtbildende Substanzen achtgeben müssen. Obatala selbst wurde davor gewarnt, als er zur Erde hinabstieg.

Im heiligen Text des Ifa, *Odu Otura-tutu,* heißt es:

Palmöl gesondert, weißes Tuch gesondert, wurde für Obatala geweissagt, als er vom Himmel kam, um in der Welt inthronisiert zu werden. Ihm wurde aufgetragen, Opfergaben darzubringen: Weißes Wickeltuch, Schnekken, 20000 Kauris. Er wurde ermahnt, überhaupt keinen Palmwein zu trinken. Er gehorchte, führte die Opferung jedoch nur halb durch. Ihm wurde aufgetragen, sich in weißes Tuch zu hüllen: «Weißes Tuch ist die Kleidung der Orischa.» Er wurde angewiesen, die Welt damit vertraut zu machen. Er kleidete sich in weißes Tuch, beherzigte jedoch nicht die Warnung vor dem Palmöl. Er betrank sich, und Palmöl spritzte umher und befleckte seine Kleider. Daraufhin opferte er eine Schnecke und schwor schließlich, niemals mehr schmählich diese Weine zu trinken.

Einer der Gründe, weshalb Obatalas Kinder solche Probleme mit Alkohol und Drogen haben, ist der, daß sie unter den «nichtlinearen» Orischa am stärksten linear ausgerichtet sind. Während die Kinder von Ogun, Oschun, Jemonja, Schango und Oja praktisch unbegrenzte Energie jederzeit abrufen können, wird Obatalas Energie aus Klarheit und Stille gewonnen. In unserer von Wissenschaft und Technologie geprägten Welt bleibt wenig Zeit für den Blick nach innen, für Ruhe, Klarheit und Stille. Ständig hasten wir von einer Sache zur nächsten.

Bei den Kindern vieler Orischa beeinträchtigt diese pausenlose Aktivität und Belastung nicht die Fähigkeit, durch Anzapfen ihrer anderen Energiequellen stark zu bleiben. Andauernder Streß über einen langen Zeitraum hinweg schneidet Obatalas von der Energie ab, die sie benötigen, um produktiv, stabil und emotional ausgeglichen zu bleiben. Je größer die Hektik und die Belastungen, um so dringender das Verlangen nach nichtlinearen Energiequellen – und diese sind immer schwieriger zugänglich. Unter diesen Bedingungen werden Kinder von Obatala, die nicht wissen, wie sie sich Orischa-Energie nutzbar machen können, instinktiv nach Möglichkeiten suchen, die andauernde Spannung abzubauen. Sie mögen versucht sein, durch Drogen und Alkohol die notwendige Stille zu erlangen, doch diese Mittel werden letzten Endes immer destruktiv sein. Wenn Sie ein Kind von Obatala sind, sollten Sie diese Warnung sehr ernst nehmen.

Auch wenn die Kinder von Eschu, Oja, Oschun und Schango Tag und Nacht Partys feiern können – die von Obatala Geleiteten kommen mit einem solchen Lebensstil nicht zurecht. Falls sie es versuchen, wird dies ihre Fähigkeit untergraben, die Aufgaben zu erfüllen, für die sie in einzigartiger Weise begabt sind. Ja schon allein durch häufigen Aufenthalt in größeren Gruppen können Obatalas sich «verschleißen». Obgleich sie sich in Gesellschaft bewegen können und unter Menschen oft sogar kurzzeitig aufblühen, müssen die Kinder von Obatala doch wissen, wann es für sie Zeit ist, sich zurückzuziehen, um sich zu sammeln und zur Besinnung zu kommen.

Obatala kontrolliert den Kopf. Aus diesem Grund müssen die Kinder von Obatala in praktischen wie auch in spirituellen Belangen auf ihren Kopf achtgeben. Wenn der Kopf «im sicheren Bereich» ist, zeigt er seine Stärken: Vernunft, planvolles Vorgehen, Klarheit, Bescheidenheit und moralische Urteilskraft. Ist er jedoch «im roten Bereich», hat das Verwirrung, Angst und Zerrissenheit zur Folge. Für ein gesundes Dasein ist es wiederum unerläßlich, daß jene, die von Obatala geleitet werden, sich ein Leben aufbauen, das Platz hat für Erholungspausen und ruhige Phasen des Alleinseins.

Obatalas fühlen sich besonders wohl in Wäldern oder im Gebirge und sollten dort ihren Urlaub verbringen, weil sich ihr Potential an Primärenergie am besten durch den Kontakt mit diesen Formen der Natur wieder auffrischen läßt. Ein weiterer Grund, warum seine Kinder Wälder, hügelige Landschaften und Gebirge bevorzugen, ist vermutlich der, daß sie vermeiden müssen, sich allzu lange der Sonne auszusetzen. In der Natur wird Obatala von Chamäleon, Gorilla und Elefant symbolisiert. Der Elefant besitzt viele von Obatalas charakteristischen Merkmalen. Er ist langlebig, wie es auch die Kinder des weißen Orischa sein sollten; er hat enorme Kraft, benutzt sie jedoch eher bedachtsam, und es gelingt ihm, ein von anderen Tieren unbeeinträchtigtes Leben zu führen. Der Gorilla ist eines der intelligentesten Tiere, lebt an Berghängen und ist im Grunde scheu. Das Chamäleon wohnt im Wald auf niedrigem Baumgeäst, und mit Obatala verbindet es eine besondere Artverwandschaft: Die Überlebens- und Verteidigungsstrategie des Chamäleons beruht auf Geschicklichkeit und List, und seine Fähigkeit, bei Gefahr die Farbe zu wechseln, um nicht erkannt und gefangen zu werden, wird mit Obatalas Weisheit verglichen, mit der er dasselbe erreicht.

Die Landschnecke oder *Igbin* verbindet ebenfalls eine besondere Artverwandtschaft mit Obatala. Sie ist eine der ältesten Lebensformen am Berghang, und ihre kühlen Sekrete und ihr Blut sind wirksame Medikamente, mit denen man den Kopf kühlen und behandeln kann. Da Kinder von Obatala sich vor dem Verlust des Sehvermögens, vor Kopfverletzungen und vor Unfällen, die das Gehirn in Mitleidenschaft ziehen, hüten müssen, kann der medizinische Wert, den die lindernden Sekrete der Landschnecke haben, nicht hoch genug eingeschätzt werden. In der gesamten Mythologie Ifas hat die *Igbin* große Bedeutung.

Obatala macht keinen Gebrauch von Magie. Lieber nutzt er Vernunft und Weisheit, um seine Ziele zu erreichen. Doch falls man eine zu starre Haltung einnimmt oder einem kein «Licht aufgehen» will, greift Obatalas Gefährte Eschu ein und straft an seiner Stelle.

Obatala ist außerdem der Richter. Er wurde von Oludumare auserkoren, die richtigen Entscheidungen zu treffen. Einige Leute sind davon ausgegangen, dieser Aspekt sei einfach eine Erweiterung seiner Rolle als «König der Orischa». In Wirklichkeit ist die Kühle seines Denkens das, was Oludumare bewog, ihn zum Sachwalter der Gerechtigkeit zu ernennen. Diese Fähigkeit, klare, rationale Entscheidungen zu treffen, ist eine Grundeigenschaft von Obatala. Ihre Schattenseite ist, daß Obatalas dazu neigen, sich andauernd zum «Fürsprecher des Richtigen» aufzuschwingen. Oft bemerken die Kinder Obatalas gar nicht, daß sie zu allem und jedem ihren Kommentar abgeben. Offen gestanden, es kommt ihnen einfach nicht in den Sinn, daß jemand anderes womöglich gar nicht erfahren will, daß es einen «besseren» Weg zum Geschäft gibt oder eine rationellere Methode, eine bestimmte Aufgabe zu erledigen. Was die Sache besonders ärgerlich macht, ist, daß sie fast immer recht haben. Womit Obatalas sich auseinandersetzen müssen und was sie lernen müssen anzuerkennen – falls sie denn ihre Stärken auf eine produktive Weise nutzen wollen – ist, daß nicht jeder alles stets auf die effizienteste Weise tun muß. Tatsächlich wäre bei den Kindern der meisten anderen Orischa der Zwang, den effizientesten Weg zu finden, etwas zu erledigen, bloß ihrer Freude daran abträglich. Obatalas müssen lernen, daß – für andere – besonders rationell nicht notwendigerweise gleichbedeutend ist mit besonders gut.

Obatalas Magen ist so empfindlich wie sein Kopf. Obwohl die kriegerischen Orischa an scharfem Paprika, Cayenne-Pfeffer und Gewürzen aller Art Gefallen finden, ist es für Obatalas Wohlbefinden weitaus besser, sich bewußt reizarm zu ernähren. Milch, Honig, Reis, Jamswurzel und Brote werden oft als Opfergaben auf Obatalas Altäre gestellt, zusammen mit Kokosnüssen, Bananen und frischen Früchten. Seine Kinder täten gut daran, sich ebenfalls an einen ausgewogenen und gesunden Speiseplan zu halten.

All dies soll überhaupt nicht heißen, Obatala oder seine Kinder seien auf irgendeine Art kraftlos; Obatala besitzt und verleiht große Stärke. Es geht einfach darum, der Tatsache Rechnung zu tragen, daß bei den ihm eigentümlichen Wesenszügen als Orischa – und alle Orischa sind verschieden – seine Stärke sich aus einem ganz anderen Wirkungszusammenhang herleitet und nährt.

Obatala hat männliche wie auch weibliche Aspekte. In einem seiner weiblichen Entwicklungswege kennt man ihn als Ochanla, als weise alte Frau. In anderen hat er ein Faible für Muschelschalen oder fürs Geldverdienen. In noch anderen ist er der Lehrer oder verantwortlich für den Kopf. Aber welchem speziellen Entwicklungsweg von Obatala zu folgen Sie auch prädestiniert sind, die generellen Charaktermerkmale bleiben dieselben.

Trotz Obatalas ausgeprägtem Ruhebedürfnis, trotz seines beurteilenden Verhaltens und der für ihn bestehenden Notwendigkeit, Alkohol und Drogen zu meiden, ist er ein Orischa mit sehr viel Sinn für Humor. Doch sein Humor ist, wie alle anderen Aspekte seines Daseins, etwas ganz und gar ihm Eigentümliches: Der Humor desjenigen, der so viel gesehen hat, über so viel Wissen verfügt und über so viel echtes Verständnis und Einfühlungsvermögen für die Bedingungen des Menschseins, daß Lachen bei ihm zu einem weiteren Ausdruck von Verständnis wird. Lachen tritt an die Stelle von Zorn; Toleranz tritt an die Stelle von Heftigkeit.

11 SCHANGO – ein Künstler der Manipulation

On'-ile ina!
A da ni ni ji!
Ina osan!
Ina gun ori ile fe ju!
Ebiti re firi se gbi!

Der Herr vom Haus des Feuers!
Einer, der plötzlichen Schrecken
auslöst!
Mittagsfeuer!
Feuer, das zum Dach aufsteigt und
zur lodernden Flamme wird!
Das mörderische Gewicht, das mit
enormer Gewalt auf den Boden
prallt!

Joruba-Gebet zu Schango

Schango kann gut Ihr Schutz-Orischa sein, falls Sie
- äußerst redegewandt sind
- Menschen einreden können, was
  immer Sie wollen
- meist voraussehen, wie andere
  Menschen wahrscheinlich handeln werden
- über Erfahrungen mit den Toten
  verfügen
- häufig Vorahnungen haben, die
  eintreffen
- starke Reaktionen auf Gewitter
  zeigen

- Tanz und Musik lieben
- von anderen entweder geliebt
  oder abgelehnt werden
- für Ihre Freunde oder Familie oft
  richtungweisend sind
- triebstark sind
- die Farbe Rot lieben
- ein leicht aufbrausendes Temperament haben
- körperlich attraktiv sind
- körperliche Aktivität mögen
- Ihren Zeit- und Energieaufwand
  für Dinge, die erledigt werden
  müssen, möglichst gering halten

Ebos für Schango Sechs rote Äpfel, die Sie in eine Schale legen und bei sich zu
Hause auf ein Regal stellen, sind sozusagen die Standard-Opfergabe. Rotes
Palmöl ist ein Grundnahrungsmittel, das man ebenfalls opfern kann. Schango
mag auch würzige Kost, ein Teller mit Paprikaschoten oder eine Portion pi-
kanter Chilis sind daher als Opfergabe sehr geeignet. Schango ist der einzige
Orischa, der keine Kolanüsse mag, außer der *bitteren* Kolanuß. Hahn und
Schafbock sind Blutopfer für Schango. Oft bietet es sich an, zur gleichen Zeit,
da Sie Ihr Opfer darbringen, eine Kerze anzuzünden. Diese Kerze kann jede
Farbe haben (außer Schwarz), doch normalerweise nimmt man eine weiße
Kerze. Einige Traditionen empfehlen für Schango allerdings auch eine rote
Kerze. Wenn Sie Ihr Opfer darbringen, tragen Sie Schango Ihre spezielle Bitte
vor. Falls möglich, opfern Sie während eines Gewitters.

Schangos Tag ist der Donnerstag.

Schango (Betonung: Schan-GO) ist sowohl Jemonjas Kind als auch ein früherer König (oder Alafin) von Ojo. Da er Jemonjas Kind ist, kann keine rituelle Handlung für ihn als vollständig betrachtet werden, sofern nicht auch ihr ein Opfer dargebracht wird. Er ist vor allem als der Orischa von Donner und Blitz bekannt. Doch tatsächlich besaß ursprünglich nicht er die Fähigkeit, Blitze zu schleudern, sondern seine erste Frau, Oja. Überhaupt ist Schangos Weg eng mit dem Ojas verflochten.

In der Mythologie, die Schango als den vierten Herrscher von Ojo ausweist, war er mit der wunderschönen, faszinierenden Oja vermählt. Schango war stets ein Mann von aufbrausendem und lautem Naturell, dessen verbale Heftigkeit sich als Donner entlud, nachdem Oja ihm den magischen Zaubertrank zur Verfügung stellte, mit dessen Hilfe man Donner und Blitz zugleich erzeugen konnte. Oja beriet ihn ebenfalls, als er seine beiden mächtigen Generäle, Gboonkaa und Timi, gegeneinander aufbrachte. Oja versicherte ihm, daß er, Schango, der unangefochtene Herrscher von Ojo bliebe, wenn die Generäle einander vernichten würden.

Aber auch wohldurchdachte Pläne, selbst von künftigen Orischa, gehen manchmal schief, und als der «programmierte» Konflikt tatsächlich ausbrach, ging Gboonkaa siegreich und mit größerer Macht denn je daraus hervor. Er nutzte diese Macht, um Schango zu stürzen und aus Ojo zu vertreiben. Oja, Schangos treue Frau, folgte ihm in die Verbannung. Sie hatte ihn eindringlich gebeten, zu dem Weideland nahe dem Flußbett des Niger zurückzukehren, der später ihren Namen und ihre magische Kraft erhalten sollte. Doch Schango war über die Fehler, die er begangen hatte, so zerknirscht, empfand solche Reue über sein früheres diktatorisches Verhalten, daß er sich an einem Aayon-Baum er-

Schango-Priesterin vor einem Familienaltar, der in dankbarer Anerkennung für viele Generationen von Zwillingen in ihrer Familie vor
allem mit Ibeji-Figuren (Zwillings-Figuren) ausgestattet ist.

hängte. Als jene, die seine Anhänger gewesen waren, von seinem Geschick erfuhren und herbeieilten, um nach seinem Leichnam zu sehen, war dort kein Erhängter zu finden. Schango hatte in seinem Akt der Zerknirschung und Reue die menschliche Daseinsform transzendiert und war zum Orischa Schango geworden!

Eins der volkstümlichsten Kurzgebete für diesen mächtigen Orischa ist heute noch:

Oba ko so.

Der König war nicht erhängt.

Schangos Energie ist intensiv und kraftvoll. Wahrscheinlich mehr als bei jedem anderen Orischa umfaßt sie ein weites Spektrum von Möglichkeiten. Schango ist der General, der geborene Anführer. Seine zügellose Heftigkeit ist wohlbekannt, und die meisten fürchten seinen Zorn. Er führt die doppelschneidige Axt in der Schlacht. Aber obwohl man ihn vor allem als Krieger kennt, ist Schango in Wirklichkeit der Inbegriff eines Strategen. Seine Strategie geht manchmal schief – wie bei seinem Versuch, seine beiden Generäle zu entmachten, indem er sie gegeneinander ausspielte. Doch mit den Jahren wurde sein strategisches Geschick immer raffinierter, und es war ihm kaum noch beizukommen. Schango und seine Kinder sind einfach die geborenen Manipulationskünstler. Und obgleich sie wilde Kämpfer sein können, werden sie nur im Notfall entsprechend aktiv. Nichts lieben Schangos mehr, als vorauszuplanen – alles in die Wege zu leiten und die Fäden zu ziehen, die notwendig sind, um die von ihnen gewünschten Resultate zu erzielen. Schangos mit Tuchfühlung zur eigenen Energie können die

Leute dazu bringen, genau zu tun, was *sie* wollen, während diese den Eindruck behalten, ihre eigenen Entscheidungen getroffen zu haben.

Manipulation kann sicherlich zum Guten wie zum Schlechten eingesetzt werden, und Schangos Energie hat, wie alle Energie, eine positive und eine negative Seite. Falls Schangos ihre Energie auf unproduktive Weise benutzen, kann dies verheerende Auswirkungen haben. Wenn auch die größten Schachmeister der Geschichte ohne Zweifel Omo Schango, Kinder von Schango, gewesen sind – die größten Betrüger waren es ebenfalls! Teilweise erklärt sich dies aus Schangos großem Redetalent. Kinder von Schango können Redner mit nachgerade hypnotischer Wirkung sein.

Omo Schango scheinen im Leben mit größeren Schwierigkeiten kämpfen zu müssen als die meisten anderen, aber dank ihrer Fähigkeit, Probleme schnell und gut zu lösen, sind diese rasch wieder behoben. Allerdings sind sie auch ständig damit beschäftigt, anderer Leute Probleme zu lösen. Falls Omo Schango nicht achtgeben, kann tatsächlich zuviel von ihrer Zeit und Energie dadurch aufgezehrt werden, so daß ihnen zu wenig Zeit bleibt, ihren eigenen Weg zu gehen.

Schangos Einfühlungsvermögen und Intuition können gar nicht genug betont werden. Frühe *Oriki* (kleine Gebete und Erzählungen) behaupten, daß sich das Weissagungsbrett und das Geheimnis der Zukunftsvorhersage einst in Schangos Besitz befanden. In diesen Erzählungen heißt es, aufgrund seiner angeborenen Fähigkeit, künftige Ereignisse wahrzunehmen, habe Schango keine Notwendigkeit verspürt, die äußeren Hilfsmittel und Techniken einzusetzen, und sie daher im Tausch gegen die Begabung zu tanzen an Orunmila weitergegeben.

«Übernatürliche» Bravourstücke sind etwas Alltägliches für Schango und seine Kinder. Ferner scheinen sie eine natürliche Verbundenheit mit den Toten zu besitzen und ständig in Kontakt mit ihnen zu stehen. Viele von Schangos übernatürlichen Fähigkeiten treten während einer magischen Demonstration anläßlich eines alljährlichen Festes zutage. Der oberste Schango-Priester, der *Eleeegun*, versetzt sich, assistiert von anderen Eingeweihten, in Trance und absolviert dann eine Reihe von Handlungen, die schon seit Anbeginn der Zeit genau in dieser Weise ausgeführt wurden. Unter anderem balancieren sie Feuer auf dem Kopf, nehmen es in den Mund und spucken es wieder aus – ein Bild des Blitzes, seines Pendants im Reich der Natur. Oftmals wird der Unterleib des Priesters mit einem feinen Messer und seine Zunge mit einem Eisennagel durchbohrt, oder – vielleicht am beeindruckendsten – sein Augapfel wird herausgezogen, abgetrennt und dann wieder an seinem Platz in der Augenhöhle untergebracht. Es ist wichtig zu verstehen, daß es sich bei diesen Bravourstücken nicht um Taschenspielertricks oder Schwindel handelt: Es sind im Trancezustand psychokinetisch kontrollierte Handlungen eines Schango-Priesters der höchsten Stufe. Sie sind eine lebendige Verkörperung der gewaltigen und brachialen Energie, die Schango ausmacht.

Schangos Kinder nehmen zu ihrem Beschützer Verbindung auf, indem sie eine kleine Kalebasse, eine *Sere*, schütteln. Diese Kommunikation wurde möglich, als Sere, einer im westlichen Nigeria beheimateten Flaschenkürbisart, klar wurde, daß sie niemanden hatte, dem sie diente. Ihre Flaschenkürbis-Schwester Igba stand in Diensten von Oja, und ihre andere Schwester, Akingbe, diente Odo. Sere bat einen Babalawo, da Abhilfe zu schaffen. Ihr Odu war Ose Meji.

Der Babalawo nannte ihr ein bestimmtes Kräutergericht, zu dem, neben anderen Zutaten, Bohnen und Samen von verschiedenen Pflanzen gehörten. Sie erhielt Anweisung, das Ebo zuzubereiten und aufzuessen. Nach dessen Verzehr sollte sie unverzüglich zum nächstgelegenen Schango-Altar gehen und zu dem Orischa beten. Sere befolgte die Instruktionen, und nach dem Verzehr der geheiligten Medizin eilte sie unverzüglich zum nächsten Schango-Altar, vor dem sie sich zu Boden warf und Schango pries. Als sie sich vor dem Altar niederwarf, machten die Nüsse und Samen, die sie verzehrt hatte, ein eigentümlich rasselndes Geräusch in ihrem Bauch. Schango hörte dieses eigenartige Geräusch und erfreute sich daran. Schango rief aus.

In meinem Königreich gibt es keine andere wie dich.
Ich werde durch mein Reich tanzen.
Du, Sere, wirst stets mir vorangehen,
du wirst sie mit deinem einzigartigen Klang rufen,
du wirst sagen, Sakasiki, Sikasaka, Sikasiki, Sakasaka!

Wohin auch immer sich Schango seither in seinem Königreich begab, ging Sere ihm voraus. Wenn seine Anhänger ihren eigentümlichen Klang hörten, wußten sie, daß Schango demnächst erscheinen würde. Sere, dem Odu Ose Meji gegenüber höchst dankbar, daß es auch sie ihren Platz hatte finden lassen, bezog Oses Namen in ihren Ruf mit ein. Ihr Klang wurde zu Osesakasiki, Osesikisaka, Ose, Ose, Ose.

Wenn Schangos Anhänger heute ihren Orischa anrufen wollen, nehmen sie Sere zur Hand und schütteln sie, bis der Klang von Osesakasiki, Osesikisaka den Augenblick transzendiert und Schangos starke Energie herbeiruft.

Der Widder (Schafbock) symbolisiert Schango, auf dessen Altar auch die Hörner Verwendung finden. Der Widder ist ferner das bevorzugte Blutopfer, um diesen mächtigen Orischa zu besänftigen oder seine Intervention zu erbitten. Außerdem vermittelt die Assoziation von Schango und Widder einen guten Einblick in authentische Schango-Energie. Der Widder ist hitzköpfig und bestimmt, doch hat er nicht die Zähne oder Klauen eines Fleischfressers, die verstümmeln und töten können. Denen, die ihn angreifen, wird er womöglich einen heftigen Stoß mit den Hörnern verpassen, sie jedoch nicht töten oder zerstören. Die Schlange wird als Schangos Bote betrachtet. Ihre an einen Blitz gemahnende Körperform entspricht Schangos am deutlichsten sichtbarer physischer Manifestation. Das Krokodil ist ebenfalls eng mit Schango assoziiert, weil das geräuschvolle Krachen seiner Reptilieneier dem Donner gleicht, der mit Schangos feurigen Blitzen einhergeht. Die Axt, mit einer wie auch mit zwei Schneiden, ist der ständige Begleiter dieses kriegerischen Orischa – die einschneidige Axt, bekannt als *Ake* Schango allerdings ist viel seltener als die doppelschneidige Axt, *Oshe* Schango, die man normalerweise bei ihm sieht. Ebenso wichtig wie seine Äxte sind die Donnersteine oder Kelte, die Schango-Priester in kleinen ledernen Gürteltaschen ständig mit sich führen. Kinder von Schango sind gut beraten, wenn sie diesen tropfenförmigen Stein bei sich tragen, von dem es heißt, der Einschlag des von Schango herabgeschleuderten Blitzstrahls hinterlasse ihn. Viele Erzählungen berichten davon, wie Schango seine Feinde durch die von ihm geschleuderten Blitze zerstört, und man glaubt, daß jeder Kelt, der entdeckt und ans Tageslicht befördert wird, nicht bloß Schangos magische Kraft in sich trägt, sondern auch das angesammelte *Asé*, die Energie, des bezwungenen Feindes.

Ifa-Anhänger lassen ein Haus oder irgendein anderes Bauwerk, das vom Blitz getroffen wurde, unbedingt von Schango-Priestern überprüfen und reinigen. Erst dann ist es wieder sicher bewohnbar. Dieser Vorgang ist nicht abgeschlossen, solange der damit befaßte Priester und sein Gefolge den Donnerstein, der stets auf dem «Schlachtfeld» zurückbleibt, nicht entdeckt und entfernt haben.

Aber Schango ist nicht nur eine starke Zerstörungskraft. Er ist auch Zeugungskraft. Er ist für die männliche Fruchtbarkeit, was Oschun für die weibliche Empfängnisfähigkeit ist. Schango ist triebstark und tendiert dazu, zahlreiche befriedigende Beziehungen zu haben. Seine Kinder besitzen, soweit sie in Kontakt sind mit ihrer Energie, ebenfalls ein ausgeprägtes sexuelles Verlangen. Zölibat oder lange Zeitspannen der Abstinenz würden die Schango-Energie auslaugen.

Schango ist auch die männliche Gottheit für Zwillinge. Als Schango seine Gattin Oschun in seinen Messingpalast mitnahm, gebar sie ihm Zwillinge. Seit diesem Zeitpunkt gilt Schango als der männliche Orischa für Mehrlingsgeburten. Falls Sie eine Zwillingsschwester oder einen Zwillingsbruder haben, ist entweder Schango oder Oschun Ihr Schutz-Orischa.

Da Kinder für Ifa der größte Segen sind, ist die Geburt von Zwillingen offensichtlich ein doppelter Segen. Falls Sie die Bedeutsamkeit der Orischa-Energie für die Empfängnis von Kindern ganz allgemein und der Schango- und Oschun-Energie bei der Geburt von Zwillingen im besonderen bezweifeln – bedenken Sie für einen Moment die Tatsache, daß Zwillingsgeburten bei den Joruba dreißigmal so häufig vorkommen wie sonst auf der Welt!

Charakteristisch für die Schango-Energie ist, daß sie keinerlei Ambivalenz kennt. Niemals stoßen Schango und seine Kinder auf eine Person oder Gruppe, die ihnen gegenüber neutrale Empfindungen hat. Statt dessen wird das Leben der Omo Schango voll sein von Menschen, die zu ihnen aufschauen und jedem ihrer Schritte folgen, bzw. von Menschen, die sie nicht ausstehen können. Diese Abneigung ist mehr als nur zufällig. Eher entspringt sie einigen Begebenheiten in Urzeiten, da Schango-Energie verschiedene andere Energiequellen in negativer Weise berührt hat. Beispielsweise gibt es eine lange Vorgeschichte von Konflikten Schangos mit Ogun, dem wortkargen kriegerischen Orischa aller Metalle. So hat Ogun zum Beispiel seine Frau Oja an den stattlicheren und geselligeren Schango verloren. Auch wenn Beziehungen zwischen den Kindern der beiden Orischa möglich sind, so werden sie doch mehr auf Furcht voreinander beruhen als auf Respekt.

Obgleich manche Orischa-Energien sich harmonischer miteinander verbinden als andere und es bei manchen wahrscheinlicher (oder unwahrscheinlicher) ist, daß sie miteinander zurechtkommen, ist es wichtig, zu verstehen, daß eine Orischa-Energie nicht nur zu gleichartiger Energie hingezogen wird, sondern häufig am besten durch eine gegensätzliche Energie ausbalanciert wird, wie die mythische Erzählung von Obatala und Schango höchst anschaulich zeigt:

Obatala plante, sein Königreich von Ife für eine kleine Reise zu verlassen, um Schango im benachbarten Königreich von Ojo zu besuchen. Vor Antritt der Reise holte er sich Rat beim Ifa-Orakel. Ifa teilte Obatala mit, daß er auf der beabsichtigten Reise den Tod finden könnte. Falls er dem Tod entgehen wolle, müsse er darauf gefaßt sein, auf dem Weg eine Reihe von Beleidigungen und Demütigungen hinzunehmen, und zwar klaglos. So vorgewarnt trat Obatala seine Reise an. Ein ums andere Mal sah er sich dem boshaften Eschu in allerlei Verkleidungen gegenüber. Jedesmal versuchte Eschu, Obatala durch Beleidigungen und Erniedrigungen in einen Konflikt hineinzuziehen. Jedesmal beherzigte Obatala den Ratschlag Orunmilas und setzte mit stoischer Ruhe seine Reise fort. Schließlich, nach einer kaum zu ertragenden Serie von Konfrontationen, traf er im Königreich von Ojo ein. Als erstes kam ihm Schangos Pferd zu Gesicht, das frei umherlief, nachdem es offenbar seinem Halter entkommen war. Er konnte das durchgegangene Pferd einfangen und hielt soeben seine Zügel in der Hand, als Schangos Soldaten eintrafen. Sie ergriffen sofort Obatala als den Dieb, der das Pferd gestohlen habe, und warfen ihn ohne Umschweife ins Gefängnis. Bald darauf ereilte Schangos Königreich von Ojo eine Reihe von Katastrophen. Die Ernte war schlecht, unter den Menschen herrschte Streit, die Kinder starben, die Frauen wurden nicht schwanger. Schango beriet sich mit Orunmila, wie sein Königreich zu retten sei. Ifa sagte ihm, daß die Ursache für Ojos Probleme ein unschuldiger alter Mann sei, der im Gefängnis sitze. Schango eilte sofort zum Gefängnis, wo er seinen alten Freund Obatala erkannte und ihn um Vergebung bat. Die beiden waren wieder als alte und wohlvertraute Freunde zusammen, und Ojo erlebte erneut eine Blütezeit. Obatala hatte, wie vom Orakel empfohlen, sein Leid still ertragen und war dem Tod entgangen.

Wie können Obatala und Schango mit solch gegensätzlicher Energie derart gute Freunde sein? Obatalas kühle Art, seine Weisheit und Ruhe dienen eher als Gegengewicht zu Schangos Spontaneität, seinem aufbrausenden Temperament und seiner nicht versiegen wollenden Energie, als daß sie eine Herausforderung darstellten.

Die Farbe Rot wird von Schango und seinen Priestern bevorzugt. Sie tragen ihr Haar zu Zöpfen geflochten, auf eine beinahe feminin anmutende Art. Allerdings ist diese männliche Energie so kraftvoll, daß all seine Kinder, mögen sie nun männlichen oder weiblichen Geschlechts sein, als *Söhne* von Schango gelten!

Kinder von Schango nutzen oft die Zeit während eines schweren Gewitters, um mit ihrer primären Orischa-Kraft in Verbindung zu treten, und in der Stadt lebende Omo Schango täten, Technologie und Transzendenz miteinander verbindend, gut daran, bei sich zu Hause oder an ihrem Arbeitsplatz einen Negativ-Ionen-Generator aufzustellen. Diese negativen Ionen – heutzutage elektronisch reproduzierbar – bleiben zurück, nachdem die Luft durch Schangos Blitze aufgeladen worden ist. Die wohltuenden Einflüsse, die von diesen negativ aufgeladenen Partikeln ausgehen, sind mittlerweile sogar wissenschaftlich bewiesen worden! Sie sind der Grund dafür, daß wir es lieben, die knackfrische Luft nach einem Sturm einzuatmen. Diese Ionen sind bloß ein quantitativ bestimmbarer Aspekt von Schangos Stärke und positiver Kraft.

12 JEMONJA/OLUKUN – Geborgenheit und Zuversicht

Ategbe, Ategbe awo Olukun li o difa f'Olukun. Aguta atu egbaa mesan owo li ebo, won ni a di alaje, a di olmo. O Gbo o ru. O di Alaje, o di Olomo ati beebee.

Ategbe, Ategbe, Olukuns Babalawo weissagte für Olukun. Olukun erhielt Anweisung, ein Schaf und zehntausend Kauris zu opfern, um reich zu werden und viele Kinder zu bekommen. Olukun tat dies, und es erging ihm so gut wie vorhergesagt.

Irete Ogbe

Sie können gut ein Kind von Je-
monja/Olukun sein, falls
- Sie Kinder lieben
- Sie echte Fürsorglichkeit für an-
dere Menschen empfinden
- Sie sich nicht leicht ärgern
- Sie lieber zu Hause bei Ihrer Fami-
lie bleiben, statt auszugehen und
zu feiern
- Sie von Seen, Flüssen oder dem
Meer angezogen werden
- Sie vorwiegend gelassen sind
- Sie ein außergewöhnlich starkes,
aber selten zum Ausdruck kom-
mendes Temperament haben
- Sie ein bißchen zu Schwere
neigen

- Sie mühelos den Standpunkt einer
anderen Person verstehen
- Sie leicht und oft verzeihen
- Sie Ihren Kindern gegenüber außerordentlich fürsorglich sind
- Sie Geld leicht verdienen, es aber
nicht die alles entscheidende Rolle
in Ihrem Leben spielt
- emotionales Wohlergehen Ihnen
wichtiger ist als irgendwelche
Dinge
- Menschen sich zu Ihnen hingezogen fühlen, weil sie bei Ihnen
Trost und Verständnis finden
- Sie eher auf eine unauffällige als
auf eine offenkundige Art und
Weise sinnenfreudig sind.

Ebos für Jemonja/Olukun Früchte, insbesondere rote oder blaurote Trauben, Melonen, Fruchtsaft, Bier, Gin, Rum, Süßigkeiten und Kuchen sind alles ge- eignete Opfergaben. Wassermelone schätzt dieser Orischa des tiefen Wassers ganz besonders. Palmöl, Kolanüsse, Korallen und Blumen können ebenfalls dargebracht werden. Schaf, Perlhuhn, Hennen, Tauben, roher oder gekochter Fisch und Palmwein sind auch willkommen.

Jemonja/Olukuns Tag ist der Montag.

Zu Beginn der Zeit, da Oludumare die Erde schuf, existierten Jemonja/Olukun als die Urozeane auf der unbewohnten Erdoberfläche. Die Sonne fiel über sie her und nahm sich Jemonja/Olukun mit Gewalt. Dieser Akt hatte die Geburt von fünfzehn Orischa zur Folge, und Jemonja wurde zur Mutter der Erde. Auch wird berichtet, daß infolge dieses Geschehens ihren Brüsten gewaltige Süßwasserströme entsprangen, aus denen die Süßwasserseen und Flüsse der Erde hervorgingen. Alles Leben wird durch sie genährt und erhalten. In ihrem weiblichen, gebärenden Aspekt wird sie mit Jemonja gleichgesetzt. Ihr männlicher Aspekt ist der mächtige und oftmals gefürchtete Olukun. Dies macht weder sie noch ihn, noch ihre Anhänger schizophren. Es erkennt lediglich, bei allen Orischa wie im Leben insgesamt, die Polarität von männlich und weiblich, Licht und Dunkelheit, hegender und kriegerischer Aktivität an. Es ist nicht bloß die Realität von Jemonja/Olukun, es ist ebenso die Ihre und die meine.

Jemonja/Olukun wird in den Traditionen, die aus der Vermischung verschiedener Überlieferungen hervorgegangen sind, häufig als Personifikation der Mutterschaft betrachtet. Das ist völlig unangemessen. Vergessen Sie nie, daß die Orischa energetische Kräfte sind, Energiequellen, die nicht nur in der Natur, sondern ebenso in Ihrem eigenen Körper existieren. Jeder einzelne von uns ist teils Lebewesen, teils Mineral, teils Pflanze. Wir sind ebensosehr Wasser, Felsen, Eisen, Baum oder Löwe, wie wir Menschen sind. Genau in diesem Sinn lebt Jemonja/Olukun – wie sämtliche Orischa – in uns.

Um Ihre Jemonja/Olukun-Energie zu verstehen und mit ihr Kontakt aufzunehmen, müssen Sie jenen totalen Frieden

Epa-Maske mit der Figur einer schwangeren Jemonja, die auf dem Rücken ein Baby trägt (aus dem Hauptschrein des Palastes in Oshogbo, Nigeria).

und jene totale Sicherheit empfinden, die das Kleinkind erlebt, wenn es an der Mutterbrust saugt. Erinnern Sie sich an dieses Gefühl von überwältigendem Wohlbehagen, an diese umfassende Geborgenheit, die Sie als Säugling umhüllt und vor der rauhen Wirklichkeit des Lebens geschützt hat. Lassen Sie sich von der umfassenden und absoluten Liebe der Mutter für ihr Kind überwältigen. Fühlen Sie die Freude wie auch den Stolz, den die Mutter empfindet, ebenso wie die wachsame Fürsorglichkeit für ihr Junges. Entsinnen Sie sich des ersten Alptraums, der Sie in die Arme Ihrer Mutter fliehen ließ, und vergegenwärtigen Sie sich die Erleichterung, Ruhe und Geborgenheit, die Sie fühlten, sobald Sie liebevoll von ihr umfaßt wurden. Falls Sie sich dieser Emotionen erinnern und mit ihnen in Kontakt kommen können, sind Sie nahe daran, eine Verbindung zum Jemonja-Anteil Ihres Charakters herzustellen.

In den synkretistischen Modifikationen von Ifa, wie sie in der Neuen Welt zu finden sind, in Santeria, Candomblé und artverwandten religiösen Mischformen, ist Jemonja/Olukun in zwei Wesenheiten aufgespalten worden: Jemonja *und* Olukun. Doch die Charakteristika des einen Wesens Jemonja/Olukun voneinander zu trennen birgt große Gefahr, denn jede Hälfte für sich ist ganz einfach unvollständig. Diejenigen, die überzeugt sind, allein Jemonja sei ihr Schutz-Orischa, neigen dazu, zu passiv, zu behütend, zu fürsorglich zu sein – häufig auf Kosten ihres eigenen Wohlergehens. Falls Sie merken, daß Sie ausgenutzt werden, und nur eine Verbindung zum Jemonja-Aspekt von Jemonja/Olukun hergestellt haben, verfügen Sie womöglich nicht über genügend Kraft, Wut oder Macht, um die Dinge zurechtzurükken. Nur dann, wenn Sie Olukun-Energie in sich haben, sind Sie imstande, das ganze Spektrum Ihrer Möglichkeiten zu spüren. Im umgekehrten Fall träfe das gleiche zu: Bei Jeanne d'Arc war wahrscheinlich Olukun dominant.

In ihrem weiblichen Aspekt erweist man Jemonja/Olukun dankbare Anerkennung für die Geburt von Schango, Orischa von Donner und Blitz; von Ogun, Herr über alle Metalle und aus Metall angefertigten Werkzeuge; von Oja, Orischa des Marktplatzes und des tropischen Wärmegewitters (Tornado); und von Oschun, Orischa von Süßwasser, Liebe und Reichtum. Mutterschaft ist daher ein außerordentlich wichtiger Aspekt dieses bedeutenden Orischa.

Obwohl Jemonja/Olukun in einem essentiellen Sinn Mutter ist – für den Vorgang der Empfängnis ist sie nicht zuständig. Diese spezielle Kraft ist ihrer Tochter Oschun vorbehalten. Nach Abschluß der Schwangerschaft ist Oschuns Arbeit getan, und Jemonja/Olukun nimmt oftmals die Sache in die Hand. Tatsächlich heißt es in einer alten Joruba-Erzählung, daß Oschun es liebt, schwanger zu werden und Kinder zu bekommen, jedoch schnell der Verantwortung für sie überdrüssig wird. Daher gibt sie ihre Kinder in die Obhut von Jemonja/Olukun, um ihr eigenes Leben führen zu können. In der Orischa-Weltsicht ist das weder «schlecht» noch «gut», weder verantwortungslos noch verantwortungsbewußt. So ist es nun mal, und wahrscheinlich würde Oschuns Energie durch das Großziehen von Kindern vierundzwanzig Stunden am Tag letzten Endes beeinträchtigt werden. Jemonja/Olukun hingegen erfährt durch genau dieselben Verrichtungen eine energetische Stärkung und Bereicherung.

In Afrika wird Jemonja/Olukun eher durch den Ogun-Fluß repräsentiert als durch den Ozean, wie es in der Neuen Welt der Fall ist, wo Olukun den Meeresgrund oder den geheimnisvollen Teil des Ozeans symbolisiert. Um die Olukun-Energie möglichst weitgehend verstehen zu können, visualisieren Sie die ungeheure Stille und Tiefe des Meeres. Auf dem Meeresboden, abgeschnitten vom Klang und Licht der übrigen Welt, ist Olukuns Aufenthaltsort: Der Ort, an dem Geheimnisse gewahrt und gehütet werden, an dem Unbekanntes erkennbar wird, an dem die Reichtümer und Schätze der Welt im Überfluß vorhanden sind. Falls Sie sich den enormen Druck, die ungeheure Stille, die totale Finsternis in diesem Reich meilenweit unter dem Meeresspiegel vorstellen können, gewinnen Sie einen Einblick – wie flüchtig er auch sein mag – in die eiskalte Kraft und Festigkeit der Olukun-Energie. Es ist nur vernünftig, daß Jemonja, die essentielle Mutter, die uns absolute Fürsorge gewährt, Hunger und Schmerz stillt, uns selbstlos beschützt, ihrerseits durch das unerbittliche und geheimnisvolle Wirken einer Gegenkraft im Gleichgewicht gehalten und geschützt wird. Nur wenn man sich mit den Teilen dieser Ganzheit als getrennten Wesenheiten befaßt, begibt man sich ernstlich in Gefahr.

In der Neuen Welt weigert sich eine wachsende Zahl von Babalawos, die die Olukun-Energie als eigenständigen Orischa ansehen, die traditionelle Meereszeremonie zur Initiation der Ifa-Verehrer in die Mysterien von Olukun durchzuführen. Diese Zeremonie findet in einem kleinen Boot statt, von dem aus eine enge Verbindung zu dem Orischa hergestellt werden kann. Aber bei einer Serie von scheinbar unerklärlichen Unfällen kamen zahlreiche Babalawos aus der Neuen Welt ums Leben: Sie ertranken während der Zeremonie. Die Unglücke waren bald so sehr an der Tagesordnung, daß sie es mehr und mehr ablehnten, sich mit ihren Initiations-Kandidaten hinaus aufs Meer zu wagen. Der afrikanische Babalawo würde über ihren Irrtum nur traurig den Kopf schütteln. Er verstünde, daß durch die Entscheidung, sich lediglich mit der kalten, unerbittlichen Olukun-Energie auseinanderzusetzen – ohne die ausgleichende Kraft der nährenden Jemonja-Energie –, die unwissenden Babalawos sich in einen Energiestrudel hineinbegeben haben, dem keine kontrollierende oder mäßigende Kraft gegenüberstand. Durch Beschwören allein des Olukun-Aspekts der Jemonja/Olukun-Energie entfesselten die Babalawos der Neuen Welt unkontrollierbare und verheerende Mächte, die sie dann oftmals buchstäblich mit sich fortgerissen haben.

Jemonja/Olukun trägt, wie ihre Töchter Oschun und Oja, das Geheimnis und die Verheißung von Reichtümern in sich. Die Schätze, die im Wasser verborgen sind, waren buchstäblich die Währung des Altertums. Die Kaurimuschel und die anderen als Währung dienenden Muscheln kamen aus den Flüssen und Meeren. Viele Erzählungen geben dem Eingeweihten Auskunft über den möglichen Wohlstand und Reichtum, den man durch «gebührenden» Umgang mit dem Wasser-Orischa erlangen kann. In einer berühmten Erzählung kommt Orunmila mit ins Spiel, dem zu einer Zeit, als es von den Wasser-Orischa hieß, sie zürnten den Menschen, im Traum mitgeteilt wurde, er solle zum Meeresufer gehen und ein Opfer darbringen. Andere hatten Angst, sich an die furchteinflößende, zornige Meeresenergie heranzuwagen, doch Orunmila tat, wie ihm geheißen. Nachdem er die Opferung ausgeführt hatte, begann ein außerordentlich starker Wind die Meeresoberfläche aufzupeitschen. Eine Woge, so gewaltig, daß sie Himmel und Sonne verdeckte, stieg plötzlich direkt vor Orunmila empor. Er hatte Angst, von ihr in den sicheren Tod gerissen zu werden. Doch statt dessen blieb die Woge direkt über seinem Kopf in der Schwebe und schien dann sanft zu seinen Füßen niederzusinken. Als das Meer wieder zurückwich, sah Orunmila zu Boden und erblickte, vom Wasser zurückgelassen, haufenweise Perlen und kostbare Edelsteine. Einmal mehr war der Orischa besänftigt und die Menschheit belohnt worden.

Beide Aspekte von Jemonja/Olukun sind aus dieser Erzählung ersichtlich. Die furchteinflößende Gewalt von Springflut, Orkan oder Taifun – sie alle können Menschenleben und das, was Menschen aufgebaut haben, zerstören – wird ausgeglichen durch die Wohltaten und den Reichtum, die uns die Gewässer der Erde zur Verfügung stellen und ohne die wir nicht existieren könnten. So wird das unkontrollierte Wüten der Sturmflut gebändigt durch die in sanftem Schwung ausrollenden Wellen, die uns in ihren Armen wiegen wie eine Mutter ihr Kind.

Hexerei wird ebenfalls mit diesem Wasser-Orischa in Verbindung gebracht, und obgleich Jemonja/Olukun die Fähigkeit dazu besitzt, sind es ihre Töchter Oschun und Oja, die man ob ihrer magischen Kunst fürchtet. Wahrscheinlich macht Jemonja/Olukuns eigene furchteinflößende Kraft den Gebrauch von Hexerei überflüssig. Diese Kraft wurde einst von Obatala auf die Probe gestellt, als der Olukun-Aspekt Obatala gegenüber die Vorherrschaft beanspruchte. Olukun forderte ihn zu einem Wettstreit heraus, der erweisen sollte, welcher Orischa sich spektakulärer herausputzen könne; der Sieger sollte dann einen höheren Platz in der Orischa-Hierarchie einnehmen als der Unterlegene. Obatala machte von seiner Weisheit Gebrauch und sandte das Chamäleon, damit es ihn bei dem Wettstreit vertrete. Olukun stieg aus dem Meer empor, geschmückt mit den edelsten Juwelen, mit unwahrscheinlich schönen, aus Wasserpflanzen und Seegräsern angefertigten Gewändern und mit einem ganz unglaublichen, perlenbesetzen Schal – und mußte, nicht wenig geschockt, feststellen, daß das Chamäleon sich ebenso prächtig präsentierte. Erneut in die Meerestiefen hinabtauchend entwarf Olukun ein noch glanzvolleres Kleidungsstück und kam an die Oberfläche emporgerauscht. Und wieder sah er, als er den Blick über das Wasser schweifen ließ, daß das Chamäleon ebenso herrlich gewandet war wie er. Dies ging ein ums andere Mal so weiter, bis zu guter Letzt Olukun gezwungen war einzuräumen, daß er Obatala nicht übertreffen könne. Und so nahm Obatala weiterhin einen höheren Rang ein als Olukun.

Dieser Mythos bietet den Schlüssel zum Umgang mit der furchterregenden Energie von Jemonja/Olukun. Man muß sich ihr mit Liebe, Respekt und Intelligenz nähern, will man nicht vom Strudel purer Energie fortgerissen werden.

Die Priester oder Priesterinnen und Kinder (Omo) von Jemonja/Olukun verkörpern so ziemlich die sanfteste und umgänglichste Orischa-Energie überhaupt. Ihre nährenden, weiblichen Qualitäten können wir uns tatsächlich wie die Oberfläche von Meeren und Flüssen vorstellen. Die gewaltige Olukun-Energie ruht in den tiefsten Tiefen und steigt nur «im Ernstfall» zur Oberfläche empor. Es gehört viel dazu, ein Kind von Jemonja/Olukun zu reizen oder in Wut zu versetzen. Sie sind von Natur aus versöhnlich und verständnisvoll.

In Beziehungen können die Kinder dieses Orischa gewöhnlich zu den turbulenteren Energien von Oja, Oschun, Ogun und Schango ein ausgewogenes Verhältnis herstellen und kommen gut mit ihnen zurecht. Weibliche *Olorischa* (Kinder) sind familienorientiert, haben Freude an Erziehungsaufgaben und sorgen gern für ein stabiles häusliches Umfeld. Männliche *Olorischa* sind gute Väter, teilnahmsvolle Familienoberhäupter und fürsorgliche Ehegatten. Bei beiden ist es weniger wahrscheinlich, daß sie durch andere

Energiequellen in Versuchung geraten, als bei den Kindern der übrigen Orischa. Wenn sie miteinander verheiratet sind, mag es sein, daß man sie für «langweilig» hält, doch gemessen an den Idealen und der Energie, die sie motivieren, sind sie glücklich und erfüllt.

Doch genau diese Gelassenheit und Ruhe verschwindet nicht nur, wenn sie bis zum äußersten strapaziert wird, sondern entlädt sich dann in einem Wutausbruch, wie er bei einem der offensichtlicher impulsiven Orischas eher selten zu finden ist. Sie können es ganz schön weit treiben, bevor ein Omo Jemonja/Olukun seinem Zorn freien Lauf läßt. Sollten Sie jedoch ihre Kinder, ihren Ehepartner oder die Stabilität ihres Zuhauses bedrohen, wird diese destruktive Energie schnell an die Oberfläche kommen und die Gefahr beiseite fegen. Es handelt sich nicht um ein Versehen, wenn man Jemonja/Olukuns Zorn mit der Gewalt von Orkan, Springflut oder Taifun gleichsetzt: Jede dieser Naturgewalten reißt alles mit sich fort, was ihr im Wege steht. Sobald dann das zerstörerische Wirken vorüber ist, straft der sanfte Wellenschlag das, was nur Stunden zuvor geschehen ist, scheinbar Lügen, doch die Verwüstung ist darum nicht weniger wirklich. Obwohl Kinder von Jemonja/Olukun bereitwillig verzeihen, sobald sie ihrem Zorn Ausdruck verliehen haben – oft hinterlassen sie nichts und niemanden, *dem* sie noch verzeihen könnten.

In Afrika tragen die Kinder von Jemonja/Olukun Halsketten aus kristallklaren Perlen und führen oft Fächer mit sich, die in ihrer kultischen Gemeinschaft als heilig betrachtet werden. Sieben ist die am häufgsten mit Jemonja/Olukun in Verbindung gebrachte Zahl. Ihre Gefäße enthalten geheiligte Steine aus ihren Tiefen, die ihr rituell geweiht wurden und die gewöhnlich mit Wasser gefüllt sind.

In Brasilien ist Jemonja/Olukun praktisch die nationale Gottheit. Jedes Jahr am 1. Januar gehen Zehntausende Brasilianer ans Meeresufer und legen köstliches Gebäck, Früchte und Süßigkeiten auf handgemachte kleine Bötchen, die sie als Opfergabe an ihren Orischa-Schirmherrn vom Wasser forttragen lassen. Um Mitternacht springen eben diese *Olorischa*, mit dem Rücken zum Meer gewandt, über sieben anrollende Wellen – ein Ritual für Gesundheit und Wohlergehen im kommenden Jahr.

Bei Jemonja/Olukun repräsentiert Jemonja die «feminine» Komponente, Olukun die «maskuline». Da gibt es keine Unvereinbarkeit, dies bejaht die Auffassung vom Universum bei den Joruba, der zufolge alle Dinge männliche wie auch weibliche Energie in sich haben. Wenn der Babalawo entweder mit *Ikin* oder *Opele* weissagt, schenkt er stets zwei verschiedenen Komponenten Beachtung. Die rechte Seite des Odu repräsentiert die männliche Energie, die linke die weibliche. Es ist das jeweilige Verhältnis zwischen den beiden, das viel dazu beiträgt, genau zu bestimmen, was im Leben eines Schützlings passiert. Eine Trennung zwischen ihnen vorzunehmen, kann, wie wir gesehen haben, katastrophale Folgen haben – ein anschauliches Beispiel dafür, was passiert, wenn wir eine Trennung zwischen den in uns allen vorhandenen männlichen und weiblichen Kräften vorzunehmen versuchen.

13 OJA –
Herrin des Windes

*Eesin gbona l'ewe tutu l'egbo li o difa
fun Marunlelogojo igi oko, Ope ati
Ayinre li o ru: Oromodie ninu-won.
Itorinaa bi iji ba nja, Ogo Mariwo a ni:
Oun sebo.*

Eesin gbona l'ewe tutu l'egbo
weissagte für 165 Bäume. Doch nur
Palmbaum und Ayinre opferten ein
Huhn. Zum Zeitpunkt eines Sturms
oder Wirbelsturms pflegen daher
junge Palmblätter zu erklären: Wir
haben geopfert, uns droht deshalb
keine Gefahr.

Oyekese

Sie können gut ein Kind von Oja sein, falls

- Sie zu plötzlichen Wutausbrüchen neigen
- Sie von einem Angehörigen des anderen Geschlechts verlassen worden sind
- Sie es lieben (oder Angst davor haben), wenn es donnert und blitzt
- es in Ihrem Leben plötzliche Veränderungen in Hülle und Fülle gab
- Sie dunklere Farben mögen
- Sie Erfahrung mit Toten haben oder ein instinktives Gespür für sie besitzen
- Sie durch Begräbnisse oder Friedhöfe nicht beunruhigt werden
- Sie ein geborener Gärtner sind
- Sie handgreifliche Auseinandersetzungen nicht scheuen
- Sie, als Frau, die Gesellschaft starker Männer mögen
- Sie, als Mann, die Gesellschaft starker Frauen mögen
- Sie sich mit Lug und Trug nicht abfinden wollen
- Sie eine angeborene Abneigung gegenüber koketten, auffällig herausgeputzten Vertretern des anderen Geschlechts haben
- Sie ein «schwieriges» Kind waren
- Sie Disziplin oder Einschränkungen mit starkem Unwillen begegnen

Ebos für Oja Auberginen stehen besonders hoch in Ojas Gunst. Die dunkle Schale paßt zu diesem purpurfarbenen Orischa. Je nach Anlaß können bis zu neun Stück auf einmal geopfert werden. Oja liebt auch Rum, Gin, Bier, Wein und dunkle Früchte wie etwa Pflaumen und rote oder blaurote Trauben. Palmöl, Kolanüsse und Kokosnüsse sind ebenfalls geeignete Opfergaben. Henne oder Ziege können geopfert werden, je nachdem welchen Aspekt dieser Orischa-Kriegerin Sie anrufen. Neunfarbige Bänder oder kleine Spielzeugwindmühlen, die den Wind nutzen und auf ihn reagieren, sind gleichfalls genau das richtige für Oja.

Ojas Tag ist der Mittwoch.

Oja (Aussprache: Oi-JA!) – erst Ehefrau von Ogun, danach Schangos «Eroberung». Oja – der große Fluß Niger. Oja – das tropische Wärmegewitter und der Wirbelsturm. Oja – der Marktplatz. Oja – Hüterin der Friedhofspforte. Oja – schöne, wehrhafte Kriegerin. Oja – weiblicher Zorn. Oja – Inbegriff von Veränderung. Oja – schwer zu erkennen. Oja – unerläßlich zu kennen.

Von allen Orischa ist Oja wohl am schwersten zu ergründen. In gewisser Hinsicht deshalb, weil zum ureigensten Wesen ihrer Energie etwas Geheimnisvolles gehört. Vor allem aber, weil Ojas Energie, wenn sie sich auf unser tägliches Leben auswirkt, dies mit derartiger Schroffheit und Vehemenz tut, daß wir die Begegnung mit ihr eher vermeiden, anstatt ihr Vorschub zu leisten. Doch den Kindern von Oja oder denen, die es verstehen, ihre Energie zu nutzen, bietet sie unbegrenzte Möglichkeiten.

Um zu einem besseren Verständnis von Ojas geheimnisvollem Wesen zu gelangen, ist es wichtig, sich ihr Verhältnis zu Schango in Erinnerung zu rufen. Als seine Frau war sie tatsächlich die Autorität hinter dem Thron, und ihre «Vorschläge» lenkten Schango häufig in die Richtung, die Oja für geeignet hielt. Wahrscheinlich resultierte manche Animosität, die Schango unter seinem Gefolge hervorrief, aus dem Unmut über ihren Einfluß. Zu guter Letzt hetzte Schango auf Ojas Drängen hin seine beiden rivalisierenden Generäle gegeneinander auf – in der Hoffnung, daß sie sich gegenseitig vernichten würden. Doch der eine behielt die Oberhand und vertrieb Schango und Oja aus ihrem Königreich. Schango, von Reue erfüllt, erhängte sich am Ast eines Baumes, transzendierte die menschliche Daseinsform und stieg zum Orischa auf. Vor Kummer und Schmerz suchte Oja daraufhin den Tod in den Fluten des Niger.

Schreinfigur von Oja (aus dem Palast in Oshogbo, Nigeria).

Auch sie transzendierte das menschliche Dasein und wurde zum Orischa.

Ihr Verlangen, Schango aus dem Hintergrund zu steuern oder zu manipulieren, verweist – im kleinen – auf das Mysterium in der Energie dieses machtvollen Orischa. Ihre Beziehung zu Schango gab bei vielem «den Ausschlag». Die in der Neuen Welt verbreitete Erzählung, derzufolge Oja das Geheimnis von Donner und Blitz Schango «geraubt» haben soll, als der mit Oschun ein lärmendes Trinkgelage abhielt, schmälert die Macht dieser Kriegerin ungebührlich. Denn so wie Oja oftmals Schango in die von ihr gewünschte Richtung lenkte, so verfügte sie auch schon immer über jene Fähigkeit, die es Schango erlaubte, seine verheerend wirkenden Blitzstrahlen in ihr Ziel zu lenken. Auf diese Weise arbeiteten die beiden mächtigen Orischa zusammen – Oja bestimmte den Kurs, und Schango teilte die Schläge aus. Jahrtausende nach Schangos und Ojas Erdendasein hat die moderne Wissenschaft entdeckt, daß eine Mikrosekunde (= der millionste Teil einer Sekunde) bevor der Blitz einschlägt, ein winziges elektrisches Teilchen emittiert wird, das auf die Erde hinuntersaust. Der Blitz, der eine Nanosekunde (= der milliardste Teil einer Sekunde) danach einschlägt, folgt dem genauen Weg dieses Energieteilchens! In ihrem Bemühen, die verheerenden Folgen von Donner und Blitz – der Energie dieser beiden Orischa – zu minimieren, hat die Wissenschaft sogar deren Existenz und spezifische Rollenverteilung bestätigt. Diese kaum nachweisbare elektrische Energie, die dem Blitzschlag vorausgeht, ist Oja, die einmal mehr den Weg festlegt, dem Schango folgen soll.

Mehr als irgend etwas sonst repräsentiert Oja die Energie der plötzlichen Veränderung. Ihre Rolle als Orischa des Marktplatzes ist ein anschauliches Beispiel für diese Kraft.

Marktplatz – das ist Handel und Gewerbe, Gewinn und Verlust. Wie schnell wandert Geld von einer Hand in die andere, wie plötzlich kann durch glückliche Fügung ein Vermögen zustande kommen – und durch Mißgeschick wieder verloren gehen! In dieser Wechselströmung des Geschicks ist Oja die vorherrschende und lenkende Kraft. Opfer für Oja werden meistens auf einem Altar am Marktplatz dargebracht, und kein Ifa-Verehrer käme jemals auf die Idee, ein neues Geschäft in Angriff zu nehmen oder seine bzw. ihre Arbeitswoche zu beginnen, ohne zuvor diesen Orischa der Veränderung versöhnlich zu stimmen.

Oja in ihrer Rolle als Tornado, als tropisches Wärmegewitter, kann als Beispiel für einen weiteren Aspekt ihrer Energie der plötzlichen Veränderung dienen: Wie selektiv ein Tornado seine Zerstörungskraft zum Einsatz bringt, hat etwas Faszinierendes. Während er in geringer Höhe über den sturmverhangenen Himmel tobt, saust er unversehens für einen Moment auf den Erdboden hinab und hinterläßt absolute Verwüstung, wo noch wenige Augenblicke zuvor etwas – anscheinend – Stabiles und Dauerhaftes stand. Nur Zentimeter vor dem nächsten Wohnhaus oder Gebäude rauscht er ebenso plötzlich wieder zum Himmel empor und läßt das potentielle Opfer völlig unberührt. Mag sein zerstörerisches Wirken auch ziellos erscheinen – dem ist nicht so. Oja läßt ihren Zorn stets peinlich genau walten, und was ziellos oder zufällig aussieht, ist es nicht. Ihre Zerstörungskraft wirkt, wie bereits erwähnt, selektiv. Der Tornado wie der Marktplatz sind für plötzliche einschneidende Schicksalswendungen gut. Diese Fähigkeit, Geschicke beinahe von einem Augenblick zum andern ins Gegenteil zu verkehren, veranlaßt die meisten Ifa-Verehrer zu der Bitte, Oja möge sie lieber verschonen als belohnen.

Keine Veränderung ist tiefgreifender als der Tod. Zwar bleibt Icu, der Orischa des Todes, für das Abrufen der Menschen verantwortlich, wenn ihre Zeit gekommen ist, doch Oja ist die Hüterin der Friedhofspforte: Völlig logisch, daß dieser Orischa der schnellen Veränderung die Verantwortung dafür trägt, die Pforte zwischen dem Marktplatz und unserem Zuhause – zwischen der Erde und dem Himmel – zu öffnen. Unter den Toten fühlt Oja sich ausgesprochen wohl. Die ihr jederzeit und überall zur Verfügung stehende Kunst der Hexerei (sie ist darin Expertin) spielt bei ihrer Beziehung zu den Toten eine bedeutsame Rolle. Eine klassische Oja/Schango-Erzählung veranschaulicht diesen Punkt:

Oja, die ihren ersten Ehemann, Ogun, um Schangos willen verlassen hatte, entdeckte, daß Schango eine Beziehung mit Oschun eingegangen war. Diese schöne Göttin der Liebe und Sinnlichkeit setzte ihre bestrickenden Reize ein, um Schango von Oja fortzulocken. Oja war wütend. Doch als sie Schango sagte, daß sie Bescheid wisse, stritt der alles ab. Da nahm sie die Angelegenheit selbst in die Hand. Sie machte sich ihre Macht im Reich der Toten zunutze und bot, da ihr wohlbekannt war, wie Schango diese verabscheute, einen kleinen Trupp von Toten auf, damit sie Schangos *Ile* (Haus) umstellten und ihn gefangenhielten. Nun war es an Schango, wütend zu sein.

«Oja», schrie er, «du kannst mich nicht in meinem eigenen Haus gefangenhalten. In meinem Königreich warten wichtige Dinge auf mich; meine Untertanen brauchen mich; laß deine Erfüllungsgehilfen abrücken.»

«Das einzige, was dir im Augenblick wichtig ist», antwortete Oja, «ist diese Schlampe Oschun! Nein, mein Gemahl, du wirst zu Hause bleiben, bis ihre Reize sich abgenutzt haben.»

Und damit stolzierte Oja auf und davon.

Oschun, die von der Gefangenschaft ihres Liebhabers erfuhr, wartete, bis Oja sich zum Marktplatz aufgemacht hatte, und schlich sich, vorbei an den wachenden Toten, in Schangos *Ile* hinein. Dort angekommen, zog sie Schango Frauenkleider an und ging dann hinaus, um die Wachen abzulenken. So wundervoll sind Oschuns Reize, daß selbst die Toten für sie nicht unempfänglich sind, und während diese noch mit dem Orischa der Sinnlichkeit flirteten, trollte sich Schango.

Als Oja vom Marktplatz wiederkam und entdeckte, daß ihr Gatte mit Oschun entwischt war, war sie außer sich. Schango hatte in seiner Eile allerdings einen verhängnisvollen Fehler begangen; er hatte seine Werkzeuge zur Erzeugung von Feuer und Donner liegengelassen. In ihrer Wut betrat Oja Schangos privates Heiligtum und entdeckte seinen magischen Flaschenkürbis sowie den magischen Mörser samt dem magischen Stößel. Sie steckte ihren Finger in den Kürbis und fühlte eine pastenartige Substanz. Sie führte den Finger zum Mund und verspürte eine brennendheiße Schärfe. Der Schrei, den sie ausstieß, war beinahe ebenso schockierend wie das damit einhergehende Feuer. Der gezackte Blitz, der aus ihrem Mund hervorschoß, war Schangos Feuergeheimnis. Mörser und Stößel lieferten ihr das Geheimnis des Donners, und nun wurde diese vorher schon mächtige Kriegerin noch machtvoller.

Zu guter Letzt gelangten Schango und Oja zu einer Art Gentlemen's Agreement: Die große Liebe, die sie einst füreinander empfunden hatten, war nicht mehr vorhanden, doch künftig würden sie beide zusammen Blitze schleudern und Feinde vernichten. Der Liebesverlust war – teilweise – durch Zugewinn an Wissen und Macht aufgewogen worden.

Diese Erzählung gibt auch über einen anderen Zug dieses Orischa Aufschluß: Ojas Groll Männern gegenüber und ihre beständige Abneigung Oschun gegenüber machen nun Sinn!
Von Oja heißt es:

A-su-jo ma ro.

Sie ist die Ursache für eine pechschwarze Wolke, bringt aber keinen Regen.

Wichtig ist, die Stärke und Bestimmtheit bei den weiblichen Orischa des Ifa zu begreifen. Obwohl eine im Grunde chauvinistische Einstellung die meisten Religionen und Kulturen bestimmt, waren die männlichen und weiblichen Orischa des Ifa zwar voneinander unterschiedene, aber gleichberechtigte Wesenheiten. Darum schlich nicht etwa eine unterwürfige Oja in Schangos Heiligtum, um sich das Geheimnis von Donner und Blitz anzueignen, sondern eine stolze, wütende und verletzte Frau. Dieser Stolz und diese Wut sind nach wie vor ein vorherrschender Zug in der Energie von Oja und ihren Kindern.
    Oja hält ein Schwert in jeder Hand. Diese Schwerter sind ein beredtes Zeichen ihrer Liebe zu Wahrhaftigkeit und Rechtschaffenheit. Diese Charakteristika hat sie nach wie vor mit ihrem ersten Ehemann, Ogun, gemeinsam, dem sie

auch Waffen fortnahm, als sie ihn verließ, um Schango zu folgen. Tatsächlich findet man bei Omo Oja oft Waffen in Form von Schmuck wieder, als Hals- oder Armkettchen.

Ojas Kinder sind an ihren dunkelroten Perlenschnüren zu erkennen, und die Zahl neun wird sehr häufig mit diesem stolzen Orischa in Verbindung gebracht. Oja wird durch weibliche Ziegen gewogen gestimmt, und ihre Verehrer sind ähnlich gekleidet wie Schango-Priester. Ihr rituelles Gewand ist eine aus sich überlappenden Partien bestehende Art von Faltenrock oder oft auch eine starre, lederne, schürzenartige Bekleidung. Die mit perlenartigen Verzierungen aus Kauris versehenen Westen – Zeichen ihrer Kontrolle über das Schicksal der Menschen – reichen häufig bis zu den Fußknöcheln. Sie ist die Mutter von Egungun, der Ahnenmaske, und Priester wie Priesterinnen von Oja tragen oftmals kunstvoll gearbeitete Masken, um ihre Identität zu verbergen.

Donnersteine oder Kelte hat Oja mit Schango gemeinsam, doch sind ihre eher abgerundet, nicht spitz oder scharf wie die von Schango. Oft tragen die Omo Oja diese gerundeten Donnersteine an einer Kette um den Hals. Einige legt man auch auf den Oja geweihten Altar. Der *Igba*-Flaschenkürbis wird geschüttelt, um mit Oja zu kommunizieren, und sein Klang erinnert an Sturm und Wind.

Ein anderer Aspekt von Oja ist ihre Rolle als Kriegerin. Obgleich alle weiblichen Orischa des Ifa über kraftvolle Energiequellen verfügen, zieht Oja, anders als ihre Schwestern, Seite an Seite mit den männlichen Orischa in den Kampf. In diesem Aspekt wird Oja als die wehrhafte Kriegerin betrachtet, deren Zorn und Kraft alle Ungerechtigkeit, Falschheit und Unredlichkeit aus dem Weg räumt. Darum wird Oja oft «die Frau, der im Kriegsfall ein Bart wächst», genannt.

Ihre einzigartige Fähigkeit, im Kampf gleichberechtigt «ihren Mann zu stehen», hat ihren Ursprung in den Waffen, die sie Ogun fortnahm, und in ihrem Wissen um das Geheimnis von Donner und Blitz, das sie von Schango erhielt. Dieses Rüstzeug, gepaart mit ihrem ausgeprägten Sinn für Würde und Gerechtigkeit (und deren Verletzungen), macht Oja, die Kriegerin, zu einer gefürchteten und fürchterlichen Gegnerin.

Was bedeutet all das für die Kinder von Oja? Zuerst und vor allem haben Omo Oja ein impulsives Naturell. Die Energie dieses Orischa läßt sich einfach nicht für längere Zeit unterdrücken. Wenn männliche und weibliche Ojas erzürnt sind, bringen sie das auf dramatische, an einen Tornado gemahnende Art und Weise zum Ausdruck.

Daher nennt man sie oft

Efufulele ti da gi l oke-l-oke.

Der stürmische Wind, der die Bäume von oben her umreißt.

Sie sind als Kinder schwer im Zaum zu halten, bestehen auf ihrem eigenen Geschmack und wollen ihr eigenes Programm gestalten. Anscheinend harmlose Situationen versetzen sie schlagartig in unbändige Wut, und sie zu beruhigen ist schwieriger, als man erwarten würde. Bei Erwachsenen jedoch kann dieselbe Energie recht charmant wirken. Gewöhnlich von eher dunklem Teint, besitzen sie eine Sinnlichkeit, die ihre äußere Erscheinung oft Lügen straft. Diese Sinnlichkeit tendiert allerdings dazu, eher verhalten oder diszipliniert zu sein – fast so, als habe die Verletztheit, die Oja angesichts von Schangos Affäre mit Oschun empfand, dauerhaft auf ihre Einstellung zu Beziehungen abgefärbt. Deshalb braucht es außerordentlich beharrliche Männer oder Frauen, den angeborenen Skeptizismus der Oja, die sie lieben, zu überwinden. In Sachen Loyalität und Verläßlichkeit kommt kein anderer Orischa Oja gleich. Kinder von Oja, die einmal eine Verpflichtung eingegangen sind, bleiben loyal – es sei denn, sie werden getäuscht oder belogen.

Aufgrund ihrer Beziehung zu den Toten ist Oja der einzige Orischa, der gern dunkle Farben verwendet, um sich zu schmücken. Auch ihre Kinder mögen diese Farbpalette. Purpurne, rote, kastanienbraune Farbtöne, ja selbst Schwarz sind für Omo Oja vollkommen in Ordnung; für Omo Obatala wäre Schwarz tabu und für andere Orischa ungeeignet. Meist haben ihre Kinder eine unbefangene, starke Beziehung zu den Toten, so daß man unter ihnen kaum jemanden findet, der nicht schon mal eindrucksvolle Träume von Verstorbenen gehabt hat oder zumindest ein Gefühl dafür besitzt, daß Geister existieren.

Ihre Kinder sind auch von Natur aus geschickt in Hexerei oder Magie. Es wird berichtet, daß Oschonyin, der Orischa der Heilkräuter und der Magie, sich weigerte, sein Wissen mit den anderen Orischa zu teilen. Wieder einmal war Ojas Mut gefragt, um die Dinge wieder ins Lot zu bringen. Als sie herausfand, daß Oschonyin einen riesigen, mit seinen Geheimnissen der Kräuterheilkunde gefüllten magischen Flaschenkürbis im Wipfel eines gewaltigen Baumes verborgen hatte, ließ sie einen stürmischen Wind wehen, der dafür sorgte, daß der Flaschenkürbis vom Baum fiel und einiges von seinem Inhalt sich auf dem Waldboden verteilte. Obwohl es Oschonyin schaffte, den Großteil seines Wissensschatzes wieder einzusammeln, gelang es doch jedem der Orischa, ein paar geheime Kräuterrezepturen zu ergattern.

Auch wenn sie stets Oschonyin gegenüber ihre Ehrerbietung ausdrücken müssen, so wissen und schätzen es die Orischa sehr wohl, daß Oja ihnen einige Geheimnisse zugänglich gemacht hat. Darum hat Oja auch Zugang zu all ihrem Wissen, und im Umgang mit der wunderbaren Kraft der Heilkräuter ist ihr nur Oschonyin selbst überlegen. Ihre Kinder haben oft eine natürliche Neigung zu Kräutern und zu Pflanzen überhaupt, und wer einen «grünen Daumen» hat, ist mit einiger Wahrscheinlichkeit Omo Oja.

Ojas Kindern sollte es auch wenig Mühe bereiten, gutes Geld zu verdienen. Als Herrin über den Marktplatz gewährt sie ihren Kindern Zugang zu der positiven Energie, die geschäftliche Unternehmungen erfolgreich verlaufen läßt. Omo Oja haben im Einzelhandel, bei Börsenspekulationen oder im Marketing gute Chancen. Ihrer Energie wäre es abträglich, wenn sie vor einem Computer säßen, Unterricht erteilten oder im Gesundheitswesen arbeiteten. Ojas Energie braucht Bewegung und Veränderung, und der Fähigkeit, unter solchen Bedingungen aufzublühen, verdankt Oja ihren Erfolg.

Als Herrin des Windes ist Oja zugleich Herrin über die Luft, die wir atmen. Jemand, der Probleme mit den Atmungsorganen hat, täte gut daran, herauszufinden, welche Opfergabe Oja erfreuen könnte, um von diesen Problemen befreit zu werden.

Oja ist ein Orischa der Kraft und der Tat. Selbst die Aussprache ihres Namens erfordert eine starke Betonung der letzten Silbe: nicht *Oja*, sondern Oi-JA!

Diese Laute sollten von einem kräftigen Ausatmen getragen werden und soweit wie möglich der Kraft und Stärke des stürmischen Windes, den sie repräsentiert, entsprechen.

Die größe Schwierigkeit, vor der ihre Kinder stehen, betrifft die Notwendigkeit, die Heftigkeit der eigenen Reaktionen und Stimmungsumschwünge zu mäßigen. Omo Oja von heute müssen lernen, Zorn und Mißvergnügen zum Ausdruck zu bringen, ohne dabei gleich ein Trümmerfeld zu hinterlassen. Haben wir erst einmal die Kontrolle über diesen Aspekt unseres Wesens erlangt, kann uns die laserartige Energie dieses kriegerischen Orischa Reichtümer und Segen einbringen, die unsere kühnsten Träume übersteigen.

14 OSCHUN – Orischa der Schönheit und der Sinnlichkeit

Osekeseke li o difa f aje,
won ni tire sa ni
gbogbo aye yoo mafi se oni ise.
A niki o ba le re bee,
ohungbogbo ti enu i je ne ebo.
Aje gbo o ru.
Gbogbo aye si nyo le
Aje sekeseke.

Ihre kühlen Quellen heilen
die Mutter der Mütter,
sie beseitigt Unfruchtbarkeit.
Das was ausgetrocknet und
    unfruchtbar war,
schwillt durch ihre Wasser an.
Kargheit kann zu Fülle werden.
Die Lustbarkeit weissagte der
    Wohlhabenheit, der erklärt
    wurde, alle Welt werde stets auf
    der Suche nach ihr sein.
Sie wurde aufgefordert, etwas
    Eßbares zu opfern, und sie
    handelte entsprechend.
Als Folge davon ist alle Welt mit
    Freuden auf der Suche nach ihr.

Ose Meji

Oschun könnte Ihr Schutz-Orischa sein, falls Sie

- Langeweile nicht ertragen können
- sich Ihres Aussehens sehr wohl bewußt sind
- mehr Zeit als die meisten Leute damit verbringen, zu entscheiden, was Sie anziehen sollen
- Kleidung sehr wichtig finden
- triebstark sind
- sich wohler fühlen, sobald Sie eine Beziehung «unter Kontrolle» haben
- leicht gekränkt sind
- Partys mögen
- gern flirten
- an gutem Essen und Wein Freude haben
- eine besondere Vorliebe für lebhafte Farben haben
- Musik lieben
- am Tanzen Spaß haben
- jede Art von Einschränkung verabscheuen
- sich auf Logik zwar verstehen, die meisten Entscheidungen jedoch «aus dem Bauch heraus» treffen

Ebos für Oschun Mehr als jede andere Opfergabe liebt Oschun Honig. Auch helle Früchte, Fisch (Wels), Wein, Bier, Rum oder Gin mag sie sehr gern. Hennen, Perlhuhn-Weibchen, Wachteln und Ziegen beiderlei Geschlechts sind ihre Blutopfer. Opfer aus Süßigkeiten, süßen Backwaren, Blumen, Spiegeln, Kolanüssen, rotem Palmöl, Kokosnüssen und Kaurimuscheln sind ebenfalls willkommen.

Oschuns Tag ist der Freitag.

Oschun (Aussprache: O-SCHUN) ist die Personifikation von Schönheit und Sexualität. Als Beschützerin von Oshogbo hat sie bis zum heutigen Tag eine einzigartige Stellung im Pantheon der Joruba-Orischa inne. Die Joruba- Mythologie berichtet davon, wie die Stadt Oshogbo dank Oschuns Schutz gegründet werden und sich behaupten konnte.

Die Siedler von Oshogbo lebten ursprünglich in der nahe gelegenen Stadt Ibokun. Doch eine politische Auseinandersetzung veranlaßte viele Leute, das Weite zu suchen, um anderswo eine sichere Bleibe zu finden. Angeführt wurden sie von dem einstigen Kronprinzen und Ifa-Priester der Stadt, Owate. Zuerst ließen sie sich in dem Städtchen Ipole nieder. Doch plötzlich, als seien sie beleidigt, versiegten die zuvor üppig sprudelnden Quellen von Ipole, und es kam infolgedessen zu einer schlimmen Dürre. Owate fragte Ifa um Rat und erhielt die Auskunft, von seinen Nachkommen würde Großes vollbracht werden, falls es ihnen gelänge, den Fluß zu finden, der alle fließenden Gewässer repräsentiert, einschließlich der jetzt versiegten Quellen in Ipole. Auf dieser zweiten Pilgerreise begegneten sie dem Fluß-Orischa Oschun. Als sie erkannten, daß das reichlich vorhandene und saubere Wasser des Flusses die Grundlage für ein gesichertes Gemeinwesen bilden würde, beschlossen sie, ihre neue Stadt an seinen Ufern zu errichten.

Daraufhin geriet Oschuns friedliches Wasser in Aufruhr, und der Orischa selbst stieg aus dem Fluß empor, um den Neuankömmlingen mitzuteilen, daß ihm die Auen an seinen Ufern heilig seien. Falls man die Stadt auf den Hügeln oberhalb des Flusses errichte und die Auen achte und unberührt lasse, werde Oschun die Stadt daselbst bewachen und beschützen. Den Siedlern war's recht, und die Stadt Oshogbo wurde gegründet. Es ist faszinierend, daß Oshogbo fast als einzige der städtischen und dörflichen Siedlungen niemals erobert worden ist. Während des Fulani-Dschihad, in dem viele traditionelle Siedlungen dem Erdboden gleichgemacht wurden, erschien Oschun, nur mit ihren natürlichen Reizen bekleidet, unter den Soldaten und bewirtete sie mit einem schmackhaften Gemüsegericht. Dieses Gericht hatte eine stark abführende Wirkung, und ihr daraus resultierender elendiger Zustand schwächte die Fulani-Kämpfer hinlänglich, um ihren Vormarsch zu stoppen. In dieser Verfassung wurden sie von den Ibadan-Streitkräften gestellt und besiegt. Die Stadt Oshogbo war gerettet. Der Orischa hatte Wort gehalten.

Aufgrund all ihrer Schönheit, Sinnlichkeit und Üppigkeit erregt Oschun bei vielen Frauen aus dem Westen Mißtrauen. Oschun-Männer, bei denen sich ihre Energie zeigt, haben es da etwas leichter. In gewisser Hinsicht könnte die schiere Kraft ihrer starken Ausrichtung auf das essentiell Weibliche als Hindernis auf dem Weg zur Gleichberechtigung der Frau betrachtet werden. Dem ist aber mitnichten so, denn niemals würde Oschun ihre Dominanz preisgeben und sich mit Gleichberechtigung begnügen! Oschun ist eine auf den Augenblick ausgerichtete Energie und allen Sinnesfreuden gegenüber offen. Wäre man gezwungen, die energetische Eigenart von Oschun und ihren Kindern in einem einzigen Wort zusammenzufassen, wäre dies *sinnlich*.

In der Mythologie finden sich zahllose Hinweise auf Oschuns Schönheit; doch Schönheit ist kulturellen oder gesellschaftlichen Normen unterworfen. Ein Bild von Twiggy und ein Rubens-Gemälde nebeneinander gelegt bietet in dieser Hinsicht treffliches Anschauungsmaterial. Oschuns Kinder können klein oder groß, dünn oder dick, jung oder

Innere Schreintür eines Oschun-Tempels. Nur Priesterinnen von
Oschun ist der Zutritt erlaubt.

alt, hell oder dunkel sein, aber sie alle verfügen über eine
«handfeste» Sinnlichkeit, die oft den Rahmen des gängigen
Standards von Schönheit oder Attraktivität sprengt. Diejenigen, die enger in Tuchfühlung mit dieser Energie stehen, ha
ben ein Auftreten, das zu einem Filmstar und Sex-Idol pas-
sen würde: Falls Sie jemals auf einer Party waren, wo ein
Mann oder eine Frau mit starkem Übergewicht sich so be-
nahm, als sei er oder sie das schönste Geschöpf auf Erden,
und überzeugt davon war, daß Sie von seinem oder ihrem
Charme hingerissen sein würden, dann standen Sie einem
Kind von Oschun gegenüber, das total in Einklang mit seiner oder ihrer Orischa-Energie agierte. Diese Energie, diese
Sinnlichkeit macht das Wesen von Oschun und ihren Kindern aus.

Diese Sinnlichkeit ist keine oberflächlich-hedonistische
Energie. Sie ist Oschun und ihren Kindern bei der Erfüllung
der allerwichtigsten Aufgabe im Leben von Ifa-Anhängern
behilflich: dem Kinderkriegen. Das Zustandekommen des
magischen Augenblicks der Empfängnis wird wahrscheinlicher, wenn beide Beteiligten ihr volles sexuelles Ausdrucks-
vermögen erreichen.

Oschuns Sinnlichkeit ist Inbegriff der starken, ihre Sexualität lebenden Frau, wie sie im Ifa verehrt wird. Laut Philosophie des Ifa sind Kinder der größte Segen, den Menschen erhalten können. Obwohl Oschun nicht nur für Empfängnis
und Entbindung zuständig ist, verschafft gerade dieser
Aspekt ihr eine herausragende Stellung im Leben ihrer Kinder und aller Ifa-Verehrer. Und wenngleich sämtliche Orischa Frauen, die Schwierigkeiten haben, Kinder zu bekommen, helfen, so ist Oschun doch besser als alle anderen in der
Lage, den Kinderlosen Kinder zu bescheren.

Oschuns Sinnlichkeit bietet uns auch eine Gelegenheit

zur Transzendenz. Im Orgasmus erleben wir reines Empfinden, und danach sind wir wieder besser imstande, unseren alltäglichen Verpflichtungen nachzukommen. Darin liegt ja zum Großteil die Bedeutung dieser Welt der spirituellen Energie – sie erneuert unsere Energiereserven.

Es könnte der Eindruck entstehen, daß Oschun aufgrund ihrer betonten Weiblichkeit gar keine männlichen Anhänger hat. Das trifft jedoch nicht zu. Es gibt viele männliche Omo Oschun. Bei all ihrer überströmenden Weiblichkeit ist Oschun auch eine männliche Energie-Komponente zu eigen, bekannt als Ikoodi Oschun. Er ist der Bote der männlichen Sexualenergie, die für eine gelungene Zeugung notwendig ist. Männliche Omo Oschun repräsentieren die nämliche sexuelle und sinnliche Intensität, die in weiblicher Form die Töchter von Oschun repräsentieren. Männliche Oschuns sind gewöhnlich sehr sinnlich und mit der einzigartigen Fähigkeit begabt, die sinnlichen Bedürfnisse und Wünsche der Frauen zu erkennen und darauf einzugehen. Der wirkliche männliche Liebhaber – im Unterschied zum männlichen Selbstdarsteller – ist wahrscheinlich ein Kind von Oschun.

Oschuns sinnliche Energie ist nicht auf Sex und Empfängnis begrenzt: Eben die Fähigkeit, sich total auf jemanden oder etwas einlassen zu können, liefert Oschuns Kindern den Schlüssel zu Wohlstand und Liebe. Im Verständnis von Ifa ist Geld eine Notwendigkeit, um die Schönheit und das spirituelle Potential des Lebens voll auskosten zu können. Es macht das spirituelle Wachstum eher leichter und zugleich vollständiger, als daß es in Konkurrenz dazu träte. Aus diesem Grund sollte es den Omo Oschun, die mit ihrer Energie in Kontakt stehen, leichtfallen, Geld zu verdienen. Es dann auch zusammenzuhalten ist allerdings eine andere Sache.

Oschuns Energie ist ziemlich kompliziert. In der Mythologie des Ifa beispielsweise ist Oschun für Empfängnis und Geburt zuständig, ihre Kinder überläßt sie dann jedoch gern Jemonja zum Großziehen. Es ist nicht so, daß sie keine gute Mutter ist bzw. sein könnte; ihre Energie und ihre Talente kommen einfach in einer freien und unbehinderten Lebensweise besser zum Ausdruck. Oschun wäre ein außerordentlich reizbarer Orischa, wenn sie zu häuslicher Lebensführung verurteilt wäre. In ähnlicher Weise geht mit ihrem Talent, Geld zu verdienen, kein ebenso großes Verlangen einher, sich dann weiter groß drum zu kümmern. Wohlstand ist einfach ein Mittel zum Zweck – eines, das uns in spiritueller wie weltlicher Hinsicht weiterhilft.

Dieses Gefühl von Unmittelbarkeit, von absolutem Engagement, prägt bei Oschun und ihren Kindern jeden Lebensbereich. Typische Patenkinder von Oschun könnten mit einer ganzen Serie total logischer Argumente konfrontiert werden, die für eine bestimmte Handlungsweise sprechen, und obgleich sie die Logik der Argumente voll und ganz begreifen, treffen sie weiterhin ihre Entscheidungen «aus dem Bauch» heraus. Dies kann für die Menschen um sie herum sehr frustrierend sein, doch Oschuns haben, energetisch gesehen, keine andere Wahl. Sie handeln aufgrund von Gefühlen.

Oschuns Fixierung auf das Emotionale schlägt sich bei ihren Kindern oft in Form von Überempfindlichkeit nieder. Ein Oschun-Mann könnte gerade im Lotto gewonnen haben oder im Beruf befördert worden sein – doch wenn ihm jemand zu verstehen gäbe, er sei geschmacklos gekleidet oder auf seinem Gesicht zeige sich ein Pickel oder ein anderer Makel, wäre ihm damit der ganze Tag gründlich verdorben. Bei Oschun selbst können Spott, Geringschätzung oder

Mangel an Respekt Wut- und Zornesausbrüche hervorrufen, die alles, was ihr in die Quere kommt, rücksichtslos niedermachen. Niemand, der sich zum Ifa bekennt, welchen Schutz-Orischa er auch haben mag, möchte Oschuns Zorn auf sich ziehen. Verschlimmert wird dies noch durch die Tatsache, daß unter sämtlichen Orischa Oschun derjenige ist, bei dem man die geringste Aussicht auf Vergebung hat. Haben Sie sie erst mal gekränkt, müssen Sie mit Opfergaben und Gebeten bis zum äußersten gehen, um auf Vergebung auch nur hoffen zu dürfen. Ihre Kinder sind da keinen Deut anders: Leicht sind sie gekränkt, und wenn Sie sie einmal ernstlich verletzt haben, werden Sie für immer von ihrer Liste gestrichen.

Oschun liebt ihre Kinder nicht nur, sondern gibt ihnen auch von allem das Beste: prächtige Kleidung, köstliches Essen, erlesenen Wein und herrlichen Schmuck. Ihre Vorliebe für die schönen Dinge des Lebens hat auch eine Schattenseite: Oschun-Männer und -Frauen müssen sich vor dem Zuviel hüten, denn stets drohten ihnen Übergewichtigkeit.

Oschun kennt sich mit Hexerei bestens aus, und auch ihre Kinder haben eine beinahe instinktive Begabung für diese Kunst. Diejenigen, die mit ihrer Energie in Kontakt sind, fühlen sich zu Zaubersprüchen und Ebos hingezogen, die darauf angelegt sind, das Verhalten anderer massiv zu beeinflussen. Angesichts all der natürlichen Anziehungskraft und Sinnlichkeit von Oschun erscheint Hexerei fast schon als überflüssig.

Wer mit kokettem Benehmen nicht gut zurechtkommt, sollte sich lieber ein anderes weibliches oder männliches Pendant suchen als ein Omo Oschun. Obgleich Oschuns ihre Neigung zum Flirten nicht zwangsläufig ausleben müssen, gedeihen sie doch am besten, wenn ihnen dauernd Bewunderung und Aufmerksamkeit zuteil wird.

In der Ifa-Mythologie war Oschun ursprünglich Orunmilas Gemahlin, fühlte sich dann jedoch zu Schango hingezogen. Sie verließ Orunmila und nahm Schango seiner ersten Gemahlin Oja weg. Es heißt, Schango habe ihr einen wunderbaren Messingpalast erbaut, wo sie ihm Zwillinge gebar. Seit dieser Zeit ist Messing das Metall, das speziell mit Oschun in Verbindung gebracht wird. Ihre Kinder sollten Messingarmbänder tragen, um so eine bessere Verbindung zu ihrer Energie herzustellen. Kinder von Oschun kommen selten gut aus mit Kindern von Oja, denn Ojas Schmerz über den Verlust Schangos ist nie vergangen. Eine schwere Belastung jeder Beziehung zwischen diesen beiden mächtigen Orischa.

Oschuns gesteigertes Lebensgefühl hat bei ihren Kindern eine Reihe von exzentrischen Zügen zur Folge. Einen der verwirrendsten davon bezeichne ich persönlich als das «Abstimmungs-Syndrom»: Oschuns Kinder holen, möglicherweise aufgrund ihrer Empfindlichkeit gegenüber dem Urteil anderer, immer die Meinung einer Menge von Leuten ein, bevor sie etwas in Angriff nehmen. Kann sein, daß sie vier, fünf oder zwanzig Leuten dieselbe Frage stellen: «Was hältst du davon . . .?» Danach tun sie dann, was sie sowieso tun wollten oder für richtig halten, ohne Rücksicht auf die geäußerten Meinungen. Wozu also dieser Rundruf? Nur Oschun und ihre Kinder können diese Frage beantworten.

Oschuns bevorzugen lebhafte Farben, lieben Musik, Tanz und äußere Anregung. Ein Kind Oschuns, das von seiner Arbeit erschöpft nach Hause kommt, tankt Energie, indem es ausgeht und sich eine schöne Zeit macht. Während andere Orischa sich zum Auftanken neuer Kraft zurückziehen, können Oschuns bis in die frühen Morgenstunden spielen oder tanzen und dann ein paar Stunden später putzmunter und voller Energie aufwachen. Für diejenigen, die einen Oschun-Menschen lieben, ist es überaus wichtig, dies zu verstehen. Falls Sie versuchen, Oschuns einzuschränken, werden Sie nicht bloß deren Energie erschöpfen, sondern sie letzten Endes verlieren.

Am Arbeitsplatz brauchen Oschuns ebenfalls Anregung oder zumindest menschlichen Kontakt. Einen Oschun mit dem Computer allein zu lassen wäre gleichbedeutend mit einem emotionalen Todesurteil. Mode, Kosmetik, Theater, Werbung, Fernsehen, Öffentlichkeitsarbeit, Frisierhandwerk und die Arbeit als Model sind Bereiche, in denen Omo Oschun aufblühen und gedeihen.

Ihre Kinder lieben Oschuns Element, das Wasser, und indem sie schwimmen oder segeln, oder auch nur ein luxuriöses Bad genießen, können sie an Oschuns unerschöpflicher Energie teilhaben.

In Afrika tragen Omo Oschun Halsketten aus Messingperlen und bevorzugen die Farbe Gelb. Der Pfau ist Symbol ihrer Schönheit und ihrer Haltung, und fünf Pfauenfedern zur Verzierung sind fester Bestandteil von Oschuns Thron. Spiegel und Fächer, nebst Muscheln und Messingkämmen, gehören zu den Symbolen, die sie besonders mag und die ihren Kindern bei der Kontaktaufnahme mit ihr hilfreich sind. Fische sind ihre göttlichen Boten, und vor allem der Wels ist als Ebo oder Opfergabe besonders geeignet. Man glaubt, daß beim Wels die Bartfäden zu beiden Seiten des Mauls mit einer Energie geladen sind, die der ihren ähnelt. Honig, als Symbol der Sexualität und ihres Verlangens danach, ist ein Standard-Opfer für Oschun. Oft gehen ihre Kinder zum Wasser und gießen ganz langsam Honig in den See oder Fluß, während sie Oschun ihre Bitte vortragen.

Die oberste Priesterin ist bekannt als die Iya Oschun und

lebt in einem königlichen Palast in Oshogbo. Sie ist die Bewahrerin von Oschuns heiligsten Tabus und Beschützerin des ursprünglichen heiligen Schreins Ojubo Oshogbo, dem Altar, der die Stadt begründete. Durch sie erscheint Oschun oftmals in menschlicher Gestalt. Mehr als irgendein anderer Orischa neigt Oschun dazu, in menschlicher Gestalt Kontakt zu ihren Schülern aufzunehmen oder ihnen ihren Segen zu bringen. Die Erzählung, die davon berichtet, wie Oschun dem Vordringen der Moslems durch ihr Auftreten unter den Soldaten Einhalt gebot, ist ein Beispiel dafür.

Jedes Jahr kommen Tausende von Pilgern zu den ihr heiligen Flußauen in Oshogbo, Nigeria, um ihren Segen für Kinder, Liebe und Wohlstand zu erbitten. Jedes Jahr erleben viele Menschen Oschun persönlich in ihrer menschlichen Erscheinung.

15 ORI –
Unser Geschick

Ori ki buro ko fe de ale, ile ti
iwa nikan lo soro.

Welch schlimmes Geschick jemand
auch haben mag – es kann geändert
werden; viel schwerer zu ändern ist
der Charakter eines Menschen.

Ebos für Ori Das Standard-Opfer für Ori besteht aus Kolanüssen, Gin oder
anderen starken Schnäpsen, Palmöl, weißen Tauben und praktisch allen Nah-
rungsmitteln. Man sollte jedoch nicht alles auf einmal verwenden, sondern nur
Dinge, auf die die Weissagung hindeutet.

Ori spielt für Ifa-Verehrer eine wichtige Rolle. Das Wort selbst hat in der Sprache der Joruba zahlreiche Bedeutungen: Kopf, Kulminations- oder Scheitelpunkt, Gipfel der Vollendung. Der Kopf als höchster Punkt des menschlichen Körpers repräsentiert – in einem spirituellen Sinn – Ori. Den Kopf eines Unternehmens oder einer Organisation bezeichnet man als Olori oder einfach kurz «Ori». Der Name des höchsten Wesens, unseres einzigen Gottes, *Oludumare*, ist eine andere Form des Wortes.

Im menschlichen Körper kommen Ori zwei Aufgaben zu: eine physische und eine spirituelle. Die physischen Funktionen von Ori sind uns vertraut: Unser Gehirn denkt, unsere Augen sehen, unsere Nase riecht, unsere Ohren hören. Unser Mund spricht und ißt und atmet. Unser Gesicht unterscheidet sich von allen anderen und verleiht uns physische Identität. Unser spirituelles Ori besitzt zwei Komponenten: Apari-inu und Ori Apere. Apari-inu repräsentiert den Charakter, Ori Apere das Geschick.

Ein Mensch mag mit einem wunderbaren Geschick zur Welt kommen, doch wenn dies bei ihm oder ihr mit einem üblen Charakter einhergeht, ist die Wahrscheinlichkeit, daß dieses Geschick sich erfüllt, ernstlich in Frage gestellt. Der Charakter ist im wesentlichen unveränderlich. Das Geschick ist komplexer. Im Ifa glauben wir, daß wir unser Geschick selbst wählen, und zwar mit Hilfe der Vorzeichen des Orischa Ajala Mopin, Gott des Ori. Ajala ist für die Gestaltung des menschlichen Kopfes verantwortlich, und man glaubt, daß das von uns gewählte Ori über die glücklichen oder widrigen Umstände in unserem Leben entscheidet. Ajalas Reich ist dem von Oludumare nahe, der unsere Wahl sanktioniert. Welche Wahl wir getroffen haben, wird von den Gottheiten, die wir Aludundun nennen, dokumentiert.

Wir alle haben unser Geschick an diesem Ort entgegengenommen. Ein Ifa-Vers erläutert das:

E lee mo bi olori gbe yanri O
E ba lee yan teyin
ibi kannaa la gbe yanri O
Kadara o papo ne . . .

Du sagtest, hättest du gewußt,
woher Afuwape sein Ori bekommen hat,
hättest du für deines dorthin gehen können.
Wir alle haben unser Ori in Ajalas Reich erhalten.
Nur unsere Geschicke sind unterschiedlich.

Das Geschick ist übrigens dreigeteilt: in Akunleyan, Akunlegba und Ayanmo. *Akunleyan* ist das Anliegen, das man in Ajalas Reich vorträgt – was man im einzelnen von einem Erdenleben erwartet: Wie viele Jahre man leben möchte, welche Art Erfolge man gern hätte, welche Arten von Beziehung man sich wünscht. *Akunlegba* sind die Dinge, die einem gegeben werden, um zur Erfüllung solcher Wünsche beizutragen. So wird vielleicht ein Kind, das jung sterben möchte, während einer Epidemie geboren werden, um seinen frühen Tod sicherzustellen. Beide, Akunleyan und Akunlegba, können den Umständen entsprechend zum Guten wie zum Schlechten verändert oder modifiziert werden. Opferung und Ritual können helfen, ungünstige Bedingungen zu verbessern, die möglicherweise das Ergebnis von unvorhergesehenen üblen Machenschaften wie Hexerei, Zauberei oder Magie sind. *Ayanmo* ist der Teil unseres Geschicks, der nicht verändert werden kann: unser Geschlecht oder die Familie, in die wir hineingeboren werden, zum Beispiel.

In vielerlei Hinsicht ist Ori wohl die wichtigste Gottheit, was den Einfluß auf das Leben des einzelnen angeht. Vielleicht denkt man, jeder würde sich Reichtum und Erfolg wünschen, doch dem ist nicht so. Denn im Ifa sind Erfolg und Reichtum zwar durchaus erstrebenswert, aber keineswegs der Maßstab für ein Gelingen des Lebens. Dieser Maßstab ist Ori-inu, der Charakter, und starken Charakter zeigt man nicht unbedingt, indem man den leichtesten Weg einschlägt. Auch wird sich möglicherweise, wenn der Betreffende einen schlechten Charakter hat, das von ihm oder ihr gewählte Geschick nicht erfüllen. In dem heiligen Odu Ogbeogunda sagt Ifa:

Ise meta ni omori odo nse
Ka fi ori re gun iyan
ka fi idi re gun elu
ka fi agbede-meji re ti ilekun dain-dan-in dan in
Awon ni won difa fun
Oriseku omo Ogun
Won ki fun Ori liemere Omo Ija
Won difa fun Afuwape
Omo bibi Inu agbonmiregun
Nijo ti won nlo ile Ajala-mopin
Lo ree yan Ori
Won ni ki won rubo
Afuwape nikan lo mbe leyin to mebe
Ori Afuwape wa sun won ja
Won ni awon ko mo ibi olori gbe yan Ori o
Awon ko ba lo yan ti awon
Afuwape da won lohun wipe:
Ibikan naa la ti gbe yan Ori o
Kadara ko papo ni.

Ein Stößel hat drei Aufgaben:
Er zerstampft Jamswurzeln.
Er zerstampft Indigo.
Er wird als Sperriegel hinter der Tür benutzt.
Wirf das Orakel für Oriseku, Ori-ilemere und Afuwape,
als sie im Begriff waren, in Ajala Mopins Reich
ihr Geschick zu wählen.
Sie wurden aufgefordert, Rituale durchzuführen.
Lediglich Afuwape führte die Rituale aus.
Er hatte daher viel Glück und Erfolg.
Die anderen lamentierten, hätten sie gewußt,
wo Afuwape sich sein Ori aussuchte,
wären sie für ihres ebenfalls dorthin gegangen.
Afuwape erwiderte, obgleich ihre Ori am selben Ort
ausgewählt wurden, seien ihre Geschicke unterschiedlich.

Der entscheidende Punkt ist, daß einzig Afuwape einen guten Charakter bewies. Indem er seinen Glauben respektierte und die geforderten Opferungen und Rituale durchführte, brachte er die potentiellen Segnungen seines Geschicks zur Reife. Durch ihre Weigerung, die Rituale auszuführen, versäumten es seine Freunde, Oriseku und Ori-ilemere, einen guten Charakter an den Tag zu legen, und ihr Leben verlief dementsprechend unerfreulich.

Wenn bei einer Person Akunleyan und Akunlegba sehr ungünstig ausfallen, kann dies am dritten Tag nach seiner oder ihrer Geburt durch etwas, was wir Ikosedaya nennen, festgestellt werden. Dies ist eine spezielle rituelle Weissagungszeremonie, von einem Babalawo für ein Neugeborenes durchgeführt, um zu ermitteln, wie sein Ori beschaffen ist und was getan werden muß, um es zu mildern bzw. zu verbessern. Im Fall eines schlimmen Geschicks gibt es zwei

Möglichkeiten, es zu ändern: Ritual/Opferung und das Vorhandensein eines guten Charakters. Ein guter Charakter kann die Betreffenden zu erfolgreichen, verständigen Menschen hinführen, die bereit sein werden, ihnen Anleitung und Hilfe zu geben. Ritual und Opferung können dieselben Resultate zeitigen. Indem sie diese beiden Wege beschreiten, werden Personen mit einem schwierigen Geschick vielleicht nicht vermögend oder erfolgreich, aber bestimmt wird so ihr Leben angenehmer. Im heiligen Odu Owonrin-Meji sagt Ifa:

Agbon mi jia-jia ma jaa (der Name eines Ifa-Babalawo) warf ein Weissagungsorakel für Bayewo, und sie wurde angewiesen, Rituale durchzuführen. Nach den Ritualen wurde sie aufgefordert, das Chamäleon zu verwenden, um ihren gesamten Körper abzureiben. Sie leistete dem Folge. Kurz darauf brachte sie einen kleinen Jungen zur Welt. Ein Kind, das nach dem Abreiben des Körpers mit einem Chamäleon zur Welt kommt, wird Oga-n-rara genannt.
Oga-n-rara kam vom Himmel zur Erde. Er wählte gar kein günstiges Geschick. Als er auf Erden war, wurde sein Leben unerträglich mühevoll. Infolgedessen trat er zwecks Weissagung an zehn verschiedene Babalawos heran. Oga-n-rara führte Rituale durch, wie ihm geraten wurde, und so konnte er erleben, daß Oludumare sich seiner Nöte annahm.

Falls unsere Situation wirklich übel und dies nicht Sache unseres Charakters oder Verhaltens ist, dann muß unser Ori Apere besänftigt werden. Vorgeschriebene Opferungen oder Rituale müssen durchgeführt werden, damit wir wieder eine heilsame innere Ausrichtung in uns wachrufen. Diese Rituale werden am besten nachts ausgeführt, und, nachdem sie vollzogen sind, sollte man bis zum Morgen im Haus bleiben. Falls dies unmöglich ist, muß das Ritual oder die Opferung in der Morgendämmerung durchgeführt werden, bevor man sich auf irgendwelche anderen Tagesgeschäfte einläßt.

Vor dem Ritual muß man unbedingt baden und saubere Kleidung anlegen. Die zu bevorzugende Farbe wäre Weiß, doch falls es nicht möglich ist, sich ganz in Weiß zu kleiden, verwenden Sie die hellsten Ihnen zur Verfügung stehenden Farben. Schwarz darf auf keinen Fall gewählt werden. Bei dem Ritual für Ori Apere müssen Sie eine Mütze oder sonst eine Kopfbedeckung tragen.

Nachdem Sie sich auf die Opferung vorbereitet haben, singen Sie dreimal:

Ela ro
Ela ro
Ela ro!
Ori mo pe o
Ori mo pe o
Ori mo pe o!

Orunmila, bitte steige herab
Orunmila, bitte steige herab
Orunmila, bitte steige herab!
Ori, ich rufe dich an
Ori, ich rufe dich an
Ori, ich rufe dich an!

Dann tragen Sie Ihr Problem vor, erbitten eine Lösung und überreichen Ihre Opfergabe zur Begleichung Ihrer Schuld und zum Dank.

Es gibt einige Ifa-Verse, die allgemeine Bitten an Ihr Ori Apere aussprechen. Dazu gehören diese:

Iwonran Olukun
Abara le kokooko bi ori ota
Difa fun Ori Apere
Omo atakara sola
Nje ibi ori gbe ni owo
Akara
Ori je won o ka mi mo won
Akara
Nibi ori gbe nni ire gbogbo
Akara
Ori je won o ka mi mo won
Akara.

Iwonran Olukun (ein Ifa-Babalawo)
warf ein Weissagungsorakel für Ori Apere.
Es ist sicher, daß Apere die Quintessenz
des Wohlergehens ist.
Wo auch immer Ori reich ist, laß das meine mit inbegriffen sein.
wo auch immer Ori viele Kinder hat, laß das meine mit inbegriffen sein.
Wo auch immer Ori alle guten Dinge des Lebens hat, laß das meine mit inbegriffen sein.

Ori wo ibi ire
ki o gbe mi de
Ese wo ibi ire
ki o sin mi re
Ibi ope agunka ngbe mii re
Emi ko mo ibe
Difa fun Sasore
Eyi to ji ni Kutukutu owuro
Nje ti o ba tun ku ibi to dara ju eyi lo
Ori mi ma sai gbe mi de ibe.

Ori, bring mich in eine gute Lebenslage.
Meine Füße, tragt mich dorthin, wo die Lage günstig ist.
Wohin Ifa mich bringt, ich weiß es niemals.
Wirf das Weissagungsorakel für Sasore
in der Blüte seines Lebens.
Falls es eine bessere Lebenslage gibt als die,
in der ich mich gegenwärtig befinde,
möge mein Ori es nicht versäumen, mich da hineinzuver-
setzen.

Ori mi gbe mi
Ori mi la mi
Gbemi atete niran
Gbemi atete gbeni ku foosa
Ori nii gbe ni
Ajawo, kii se oosa.

Sorge für mich, mein Ori.
Laß es mir wohlergehen, mein Ori.
Das Ori ist der Beistand der Menschheit bei den Gotthei-
ten.

Wenn die Dinge schlecht laufen in Ihrem Leben, täten Sie gut daran, Ihren Charakter zu erforschen, ehe sie anklagend mit Ihrem Finger auf Hexen, Zauberer oder Ihre Feinde zeigen. Falls Sie es sich zur Gewohnheit gemacht haben, Leute zu tyrannisieren oder deren Gefühlen gegenüber keine Rücksicht zu zeigen, sollten Sie nicht erwarten, in Ihrem Leben wirkliches Glück zu finden, egal wie erfolgreich Sie in materieller Hinsicht auch sein mögen. Falls Sie andererseits anderen helfen und ihnen Gutes tun, wird es in Ihrem Leben nicht nur Reichtum, sondern auch Freude und Glück in Hülle und Fülle geben. Aber vergessen Sie nicht: Es ist weitaus einfacher, Ihr Geschick zu ändern als Ihren Charakter.

16 Die Orischa der Heilkunde, des Rechts, des Ackerbaus und der weiblichen Kraft

Es ist so gut wie unmöglich, näher auf das gesamte Pantheon der Orischa einzugehen. Diejenigen mit besonderer Bedeutung und besonderem Wert für uns sind in den vorausgegangenen Kapiteln beschrieben worden. Von den Hunderten anderen − einschließlich Ota, Erinmi, Jigunre, Laberinjo, Pepe, Oloscha, Oranmijan, Aje, Kori, Iroko − habe ich dieses Kapitel denen gewidmet, die in unserem Alltag eine wichtige Rolle spielen.

Oschonjin

Oschonjin ist der Orischa der Pflanzen, des ihnen innewohnenden *Asé* und ihrer Zauberkraft. Zusammen mit Eschu ist er der ständige Begleiter und Helfer des Babalawo.

Oschonjin ist einbeinig wie die Bäume und Pflanzen, die er repräsentiert. In den Mythen heißt es, im Machtkampf mit Orunmila habe er sein Bein verloren sowie sich weitere physische Gebrechen zugezogen. Sein Amtsstab ist aus Eisen geschmiedet und hat am oberen Ende häufig eine blattförmige Verbreiterung, auf der ein Vogel sitzt. Den als *Opa orere eleye kon* bekannten Stab führt der Babalawo als Zeichen seines Amts wie auch seiner engen Beziehung zu Oschonjin mit sich. Dieser gestattet ihm, Heilkräuter magisch-transformativ zu gebrauchen. Daß der Stab außerdem eine Reihe von Vögeln aufweist, die als Gefährten des einzelnen Vogels an der Spitze auf den unteren Zweigen sitzen, zeugt davon, daß dieser spezielle Weg von Oschonjin den *Aje*, den Hexen, verpflichtet ist. Diese enge Verbindung geht auf Oschonjins bemerkenswertes Talent zurück, die zerstörerischen Kräfte von Angst und Hysterie zu bändigen. Durch seine Heilkräuteranwendungen kann er zerstörerische und chaotische Hysterie in Kreativität umwandeln. Unzulässiger Gebrauch kann die gegenteilige Wirkung hervorrufen.

Der Babalawo, der Besitzer des Stabes, muß dafür sorgen, daß dieser Stab nie umfällt. Niemals darf er auf dem Boden liegen, denn dadurch würde seine Verbindung zur Lebenskraft, zum *Asé* der Pflanzen, unterbrochen. Pflanzen, die zur Seite umsinken, sind tot und haben ihre Energie verloren. Obwohl Oschonjin dem Babalawo eng verbunden ist, kann kein einziger Orischa ohne Unterstützung durch diesen Heilkräuter-Orischa seine Aufgaben erfüllen.

Es war bereits die Rede davon, wie Oja der Sage zufolge einst das geheime Versteck von Oschonjins magischen Heilkräutern entdeckte und einen Sturm entfesselte, um so deren Lagergefäß aus den hohen Wipfeln des Araba– oder Kapok-Baums herunterzuschleudern. Dieser Baum, der höchste in Afrika, besitzt große spirituelle Kraft und kann bis zu 36 Metern und mehr emporwachsen. Oschonjin hörte den Wind und versuchte, rechtzeitig wieder an Ort und Stelle zu sein, doch viele der magischen Heilkräuter waren schon über den

Erdboden verstreut, und alle Orischa hatten so viele von ihnen an sich genommen, wie sie nur konnten, bevor Oschonjin seine Schätze wieder einzusammeln vermochte.

Oschonjin ist Herr über den Wald und die Pflanzen, und kein anderer Orischa kann wirklich von seinem bzw. ihrem magischen *Asé* ohne Oschonjins Erlaubnis Gebrauch machen. Er steht mit den *Aje*, den Hexen, im Bunde, da er auch eng mit denen zusammenwirkt, die Schwarze Magie betreiben.

Obgleich Oschonjin eine enge Beziehung zum Babalawo hat, praktizieren Oschonjins Priester doch eine eigene uralte Form von Weissagung. Der Oschonjin-Priester geht eine Verbindung mit den magischen Qualitäten von *Agemo* (dem Chamäleon) ein. Pflanzliche Substanzen werden mit *Agemo* kombiniert und zur Hälfte vom Priester eingenommen, während die andere Hälfte in das Innere einer Puppe plaziert wird. Im Trancezustand unterhält sich der Priester mit der Puppe, die mit hoher, kindlicher Stimme antwortet. Dabei wird kaum versucht zu verhehlen, daß die Stimme «aus der Puppe» durch Bauchreden zustande kommt; aber im Kern besteht der Vorgang darin, daß der Priester mit Energien kommuniziert, die nicht nur die anstehenden Probleme thematisieren, sondern auch Lösungen dafür anbieten. Der Stab des Babalawo, der Oschun (nicht zu verwechseln mit dem gleichnamigen Orischa), repräsentiert die Übereinkunft mit Oschonjin, die Eigentümlichkeiten der Pflanzen für magische Zwecke nutzen zu dürfen. Der Stab der Oschonjin-Priester sieht ähnlich aus und erfüllt einen ähnlichen Zweck.

Oko

Oko war zuerst Mensch, dann Orischa. Es heißt, er sei König von Irawo gewesen. Zum König erhoben wurde er nach einem recht unrühmlichen Leben, in dem er vor allem als Bandit und Kriegsknecht über Land zog. Sein außergewöhnlichstes Talent besaß er als Jäger, besonders für die Jagd auf scheue afrikanische Perlhühner oder Buschvögel. Als König war er ein tyrannischer und zügelloser Herrscher, aber gerade diese Zügellosigkeit löste die Ereignisse aus, die sein Leben veränderten und letzten Endes seine Wandlung zum Orischa bewirkten.

Bei der Rückkehr von einer Reise stellte Oko fest, daß der ganze Hof seines Palastes übersät war mit frisch geernteten wilden Jamswurzeln. Traditionellerweise dürfen die Jamswurzeln aber erst gegessen werden, wenn die Priester durch Orakelbefragung die erforderlichen Opfergaben ermitteln und die vorgeschriebenen Gebete gesprochen haben. Vorher etwas von den Jamswurzeln zu sich zu nehmen hieße, ein großes Tabu zu brechen. Oko, egozentrisch wie er war, kümmerte sein Hunger, mit dem er von der Reise zurückgekehrt war, mehr als der Respekt den überlieferten Tabus seiner Religion gegenüber. Er machte ein riesiges Feuer und schickte sich an, Jamswurzeln zu rösten, so viele er nur auf das Feuer packen konnte. Die Erde, erzürnt über seine Rücksichtslosigkeit, sandte ihm zur Strafe die Lepra.

In alten Zeiten gab es für Leprakranke zwei Möglichkeiten: Sie konnten zu Hause eingesperrt bleiben, ohne menschlichen Kontakt, bis zu ihrem Tod, oder sie gingen in die Wildnis; in jüngerer Zeit nannte man dann die beiden Alternativen «zu Hause bleiben» oder «aufs Feld» gehen. Doch in Okos Tagen gab es letztere Möglichkeit noch nicht, da Nahrung erjagt oder gesammelt wurde. Doch gerade Okos Verbannung führte dazu, daß sich Feldbestellung entwickelte. Als er in die Wildnis geschickt wurde, ging eine seiner Frauen mit ihm. Sie war es, die begann, planvoll das Land zu bearbeiten, Felder zu bepflanzen und zu ernten – und so entstand der Ackerbau. Oko in seiner selbstgefälligen Art nahm die Anerkennung für das große Werk seiner Frau für sich selbst in Anspruch, und ihm wurde die Leistung auch zugeschrieben: Die Einführung des Ackerbaus gilt als sein Verdienst.

Auch wenn der Charakter für den Ifa-Verehrer essentiell ist, können sich praktische Resultate doch über vorläufige Wertungen hinwegsetzen. Okos anmaßende Art und Selbstbezogenheit führten der Reihe nach zu seiner Tabuverletzung, Erkrankung, Verbannung und schließlich zur Entstehung des Ackerbaus, einem großen Segen für die Menschheit.

Das Tabu hinsichtlich der frisch geernteten Jamswurzeln existiert auch heute noch. Es besteht für die Zeitspanne eines Lunarmonats (= 29,5 Tage). Doch für die Verehrer des Orischa Oko dauert es länger. Es gilt so strikt, daß seine Schützlinge die Augen bedecken, wenn sie an aufgetürmten Jamswurzeln vorbeigehen. Durch ihr ehrerbietiges Verhalten machen sie gewissermaßen den Mangel an Ehrerbietung wett, den der Orischa, zu dem sie sich bekennen, einstmals zeigte.

Endlich, einen Monat oder mehr nach der Ernte, wenn die Jamswurzeln auf dem Altar des Orischa Oko hoch aufgeschichtet und einige davon den Ahnen geopfert worden sind, können die Zeremonie und das Fest beginnen. Zuerst speisen die Gottheiten, dann die Menschen. Oko beaufsichtigt das Ganze.

Der Orischa Oko ging stets mit einem gewaltigen Schwert

auf die Jagd, was seine Altäre heute noch widerspiegeln. Seine Verkörperungen sind Perlhühner, Giftschlangen und Skorpione. Und auch in unseren Tagen würde ein Tabubrecher zur Strafe mit Lepra geschlagen bzw. einen tödlichen Biß oder Stich erhalten.

Neben dem Ackerbau ist es Orischa Okos Aufgabe, Hexen aufzuspüren, ihnen den Prozeß zu machen und sie hinzurichten. Die *Aje* ist der Inbegriff der unkontrollierten Mächte, während es das Wesen der Landwirtschaft ist, die Elemente zu bändigen und in geordnete Bahnen zu lenken. Aus diesem Grund befindet sich Oko ständig im Widerstreit mit den Hexen und verbringt ein Gutteil seiner Zeit damit, sie ohne Pardon vom Land zu vertreiben. Die Beschuldigten müssen sich auf den Orischa-Thron setzen, und die Oko-Priester sprechen Gebete, die nur in ihrer Kulturgemeinschaft bekannt sind. Wird der oder die der Hexerei Bezichtigte für schuldig befunden, muß er/sie sterben. Ansonsten läßt man ihn/sie laufen.

Oschoschi

Oschoschi ist der Orischa der Jagd. Seine Hauptsymbole, Pfeil und Bogen, repräsentieren seine vielseitigen Fähigkeiten. Da während der Zeit des Sklavenhandels die Einwohner ganzer Dörfer, die sich der Verehrung dieses Orischa verschrieben hatten, in die Neue Welt verschleppt wurden, begegnet man diesem einstmals so mächtigen und einflußreichen afrikanischen Orischa kaum noch auf seinem angestammten Terrain. In der Neuen Welt spielt Oschoschi in synkretistischen Religionen wie Candomblé, Santeria und Macumba jedoch immer noch eine bedeutende Rolle.

Oschoschi ist sowohl Jäger als auch Krieger. Seine Fähigkeit, sehr weit sehen, sehr gut hören und sehr schnell reagieren zu können, verleiht ihm Macht und Geschicklichkeit, mühelos zu töten. Er ist normalerweise ein Einzelgänger, der die Wälder und andere Jagdgebiete nach Beute durchstreift. Unter den Orischa hat er noch am ehesten Verbindung zu Ogun, der ebenfalls ein Einzeldasein in der Wildnis fristet, und zu Obatala, dem Orischa der Klarheit und der Gerechtigkeit. Oschoschi war als Übermittler von Obatalas Urteilen bekannt, und seine eigene geistige Klarheit und Regsamkeit tragen dazu bei, daß der Orischa der Reinheit und er ein starkes Gespann abgeben. Oschoschis Beziehung zu Obatala, das Überbringen von Obatalas Richtersprüchen, hat zu der in der Neuen Welt geläufigen Vorstellung geführt, Oschoschi sei der Herr über Gefängnisse und Zuchthäuser. Recht häufig hört man in Brasilien, Kuba oder Puerto Rico: «Oschoschi, bitte leb Du bei mir zu Hause, damit ich nicht bei Dir zu Hause leben muß.»

Eins der Oschoschi-*Oriki* erzählt davon, wie der Jäger heimkehrte und entdeckte, daß zwei Wachteln, die er am Morgen erlegt hatte, verschwunden waren. Was er nicht wußte: Seine Mutter hatte ihm einen Besuch abstatten wollen und, als sie die Wachteln erblickte, diese mit nach Hause genommen, um sie für ihren Sohn zuzubereiten. Erzürnt über den vermeintlichen Diebstahl befahl er seinem magischen Pfeil, den Übeltäter ausfindig zu machen. Er schoß ihn in die Luft, und der Pfeil flog zum Haus seiner Mutter und tötete sie. Später, als Oschoschi erkannte, was er da angerichtet hatte, wurde er durch seine Reue zum Orischa geläutert, und er gelobte, fortan die Menschen mit Nahrung zu versorgen. Oschoschi verfügt auch über die

Fähigkeit, Magie einzusetzen. Sein Leben im Wald verschaffte ihm Kenntnis über die Kräuter und deren magisches *Asé*.

Oke

Oke ist ein weiblicher Orischa, dessen irdische Gestalt Felsen und Felsbrocken sind. Ihre Verkörperungen scheinen der Schwerkraft zu trotzen, der ihre Mit-Orischa ausgesetzt sind. Man findet sie vor allem als Vorsprünge von Berg- oder Hügelkuppen. Selbst kleine Steine und Kiesel haben ihr *Asé* in sich, und ein wohlbekanntes Joruba-Oriki sagt: «Der winzigste Stein strahlt große Kraft aus.»

Und in ihrer vulkanischen Form ist Orischa Oke in der Tat, elementare Kraft. Ihre natürlichen Altäre, Orte der Verehrung für ihre Anhänger, münden oftmals in Höhlen oder in Erd- oder Bergspalten.

Ifa-Verehrer glauben, daß Kinder, die in der Fruchtblase zur Welt kommen, Okes auserwählte Kinder sind. Diese wird, wenn es zu einer derartigen Geburt kommt, niemals aufgeschnitten, sondern man träufelt lieber einen einzigen Tropfen geweihten roten Palmöls darauf. Sie öffnet sich dann ohne Schwierigkeit.

Opfertiere für Oke werden niemals getötet, sondern nur vor ihre natürlichen Altäre gebracht und dann laufen gelassen. Es ist tabu, diese Opfertiere zu töten oder zu erbeuten, und dank Okes Obhut ist sichergestellt, daß sie ein gutes Leben haben.

Ibadan in Nigeria ist ein Hauptzentrum der Oke-Verehrung. Erbaut hat man die Stadt auf einer Reihe von Hügeln, und einer davon ist, mit einem Altar hoch oben, Oke geweiht. Sie wird in Ibadan während der Orischa-Zeremonien mit folgenden Worten begrüßt: «*Okebadon age, olomuoro.*» Das heißt: «Der Fledermaus Wasserkühlerin mit großen Brüsten.» Ihr Hauptpriester, der Aboke, leitet ihr jährliches Fest, für das der Oba von Ibadan ihrer Kultgemeinde eine Kuh, eßbare Schnecken, Bier und Jamswurzeln zur Verfügung stellt.

Nana Buukun

Einer der geheimnisvollsten, mächtigsten und am meisten gefürchteten Orischa, Nana Buukun, ist die Mutter ohne Kinder. Ihr Kult beruht eher auf Magie als auf Mystik. Sie herrscht über die weibliche Sphäre vor der Geburt. Nur Frauen erweisen ihr Verehrung. Einerseits ist sie die Hexe mit schrecklichen magischen Kräften, imstande, mit einer Berührung ihres Stabes zu töten. Andererseits ist sie die schützende Mutter, die Mutter von allem. Ihr Titel Iya Gbogbo läßt sich mit «Allmutter» übersetzen. Der scheinbare Widerspruch – Allmutter zu sein, ohne selbst Kinder zu haben – löst sich auf, sobald man sie unter ihrem ammenähnlichen Aspekt betrachtet, in dem sie Haus und Kinder hegt und pflegt.

Ihre Priesterinnen verstehen sich auf außersinnliche Kunststücke, wie etwa Telekinese. Ihre Fähigkeit, von einem Augenblick zum nächsten an einen weit entfernten Ort zu wechseln, ist immer wieder unter Beweis gestellt worden. Die Hyäne ist das Nana Buukun geweihte Tier, das ihre Verbindung zu den Toten unterstreicht.

Die Orischa – 401 an der Zahl – sind allesamt wirklich. Sie

existieren: Nicht in einem metaphorischen oder allegorischen Sinn, sondern als echte Quellen der Energie, die in jedem Teil unseres Universums enthalten sind. Dieser Prozeß läßt sich nur durch Rituale in Gang bringen – nicht dadurch, daß wir ihn «verstehen». Worte und Erklärungen können uns bis zur Eingangstür geleiten. Wenn wir uns jedoch in das unermeßlich große Energiereservoir, das uns durch Ifa zur Verfügung steht, hineinbegeben wollen, es erfahren und unseren Nutzen daraus ziehen wollen, müssen Worte und Erklärungen draußen bleiben. In vielerlei Sinn ist Ifa unser Handbuch mit Anleitungen für die Rituale, die uns den Zugang zu dieser grenzenlosen Energie ermöglichen. Lernen Sie daraus, arbeiten Sie damit, und wenn Sie endlich imstande sind, die Worte vor der Eingangstür zurückzulassen, haben Sie Ihren Weg nach Hause gefunden.

Persönliche
Beobachtungen
und Erfahrungen

Im Juli 1989 wurde meine Frau Vassa schwanger. Länger als drei Monate hatte sie täglich Blutungen. Ihr Gesundheitszustand verschlechterte sich so dramatisch, daß wir uns um ihr Wohlergehen noch größere Sorgen zu machen begannen als um das Überleben des Fötus.

Im Juli des folgenden Jahres wurde ein Ehepaar, Anhänger der «Erste Kirche Christi Wissenschafter»-Sekte, von den Geschworenen für schuldig erkannt am Tod ihres zweieinhalbjährigen Sohnes, weil sie als Therapie zur Heilung des Jungen «einzig und allein auf das Gebet vertraut hatten».

Ich bin ein Mensch aus dem Westen und wurde dazu erzogen, daran zu glauben, die Wissenschaft werde – zu guter Letzt – all unsere Probleme erkennen und lösen. Und ich bin ein Babalawo des Ifa. Als meine Frau während ihrer Schwangerschaft zunehmend Probleme bekam, sorgte ich dafür, daß sie den besten ärztlichen Beistand hatte, der zu bekommen war, doch ich machte auch von Weissagung und Opferung Gebrauch, um ihre Lage positiv zu beeinflussen.

Die Ärzte konnten nicht feststellen, was die Blutung auslöste. Schließlich erhielten wir nach einer Reihe von Bluttests einen Anruf von einem Geburtshelfer, der uns an einen

Blutbild-Spezialisten, einen Hämatologen, weiterverwies. Der Wert für die Blutplättchen-Häufung lag bei Vassa offenbar deutlich außerhalb des Normalbereichs. Da mir bekannt war, daß die Blutplättchen mit der Blutgerinnung in engem Zusammenhang stehen, klang die Diagnose plausibel für mich. Ich fragte mich, welche schreckliche Krankheit wohl die Ursache sein mochte. Wir ließen uns für den nächsten Freitag einen Termin bei einem angesehenen Blutspezialisten geben. Am Mittwoch davor führten wir eine Zeremonie und eine Weissagung durch. Die Resultate waren entsetzlich. Das Orakel wies eindeutig darauf hin, daß sowohl ihr Leben als auch das Leben des Kindes in Gefahr schwebte, sofern nichts unternommen würde. Das Ebo war durch Oschun auszuführen, den Orischa von Liebe, Geld und Empfängnis, im Joruba-Pantheon durch Flüsse und Seen repräsentiert.

Am nächsten Tag gingen wir an den Fluß. Vassa brachte Honig, ein spezielles Krabbengericht, für das Oschun eine Vorliebe hat, und ein kleines Blutopfer dar. Außerdem nahm sie ein Bad und wurde mit Oschuns heilendem Wasser gereinigt.

Am Freitag suchten wir den Hämatologen auf. Vassa war so schwach, daß sie im Wartezimmer nicht mehr aufrecht sitzen konnte und im Untersuchungszimmer auf einer Liege ruhen mußte, bis sie dran war. Man nahm ihr für die Laboruntersuchungen reichlich Blut ab und bat uns, nächsten Dienstag wiederzukommen.

Am Abend und in der Nacht desselben Tages kamen wir weiter der Aufforderung nach, Opfer zu bringen. Für Vassa machten sich zusammen mit mir ein Oschun-, ein Jemonja- und ein Obatala-Priester sowie eine Oschun-Priesterin ans Werk. Mehr als fünf Stunden lang brachten wir über meiner

Frau größere Opferungen und Gebete dar. Um zwei Uhr nachts – Vassas Bauch war mit Blut, Federn, Honig und einer Menge weiterer Opfergaben bedeckt – beendeten wir das Ritual. Eine für sie nach der Zeremonie vorgenommene Orakeldeutung ergab, daß nunmehr alles in Ordnung war. Alle fünf waren wir dadurch, daß wir so viel emotionale Energie aufgewandt hatten, völlig erschöpft. Zum ersten Mal seit Monaten schien Vassa wieder aufzuleben, und ihre Gesichtsfarbe hatte sich in dramatischer Weise zum Vorteil verändert.

Am Sonntagmorgen kam, zum ersten Mal seit über drei Monaten, die Blutung zum Stillstand. Sie setzte nie wieder ein.

Am Dienstag gingen wir zum Blutspezialisten, um die Untersuchungsbefunde zu erfahren. Diesmal saß Vassa, deren Befinden sich kontinuierlich gebessert hatte, ganz munter im Wartezimmer. Schließlich wurden wir ins Sprechzimmer geführt, und nach weiteren zwanzig Minuten erschien der Arzt. Nachdem er sich die Untersuchungsergebnisse angeschaut hatte, wandte er sich uns zu und sagte: «Ich weiß nicht, warum Sie hier sind. Ihre Tests sind völlig normal ausgefallen.»

An dieser Stelle muß ich etwas gestehen. Meine erste Reaktion war natürlich Erleichterung. Doch meine zweite Reaktion war typisch westlich. Mein Gedanke war: Also, die erste Untersuchung muß fehlerhaft gewesen sein. Obgleich der Fehler haargenau ihrem gesundheitlichen Problem hätte entsprechen müssen, war er statistisch trotzdem möglich. Dann kam mir ein Geistesblitz.

«Welche Resultate hat die Analyse ihrer Leberwerte erbracht?» fragte ich den Arzt.

Seit über zwanzig Jahren hatte Vassa an einer chronischen

Hepatitis B gelitten. Alle sechs Monate wurde durch eine komplette Bestimmung ihrer Blutwerte ein Leberbefund erhoben, und obgleich der sich über die Jahre gebessert hatte, war er weiterhin ziemlich bedenklich. «Ihre Leberwerte sind gleichfalls vollkommen normal», erwiderte der Arzt.

Ein Psychologe würde zweifellos sagen, Vassas Blutung sei hysterisch bedingt, und die Opferungen hätten all diesen Emotionen schlicht und einfach eine Möglichkeit geboten, sich zu lösen und so die Blutung aufhören zu lassen. Aber gleichgültig wie wissenschaftlich man die Dinge betrachten mag, kann ich nicht glauben, daß eine seit zwanzig Jahren chronische Hepatitis B über Nacht «verschwinden» kann, ohne daß etwas sehr Tiefgreifendes stattgefunden hätte!

Das Entscheidende hierbei ist mehr als nur die Abwendung eines bedrohlichen Zustands; entscheidend ist, daß wir all unsere Möglichkeiten genutzt haben, um unser Ziel zu erreichen. Wir haben die linearen wie die nichtlinearen Alternativen genutzt, die uns zur Verfügung standen, das Beste aus dem rituellen und das Beste aus dem wissenschaftlichen Bereich. Im Gegensatz zu den Anhängern der «Erste Kirche Christi Wissenschafter»-Sekte, die bloß eine einzige Heilmethode anwenden wollten – Gesundbeten –, begreift Ifa, daß Entweder-Oder-Ansätze zur Katastrophe führen können. Wir stehen nicht, und dürfen das auch nicht tun, in einem Wettbewerb zwischen Glauben und Wissen. Wir sollten und müssen zu beiden Arten von Energie in einer symbiotischen Beziehung stehen, um unsere Probleme zu lösen und unser Leben zum Vorteil verändern zu können.

Ifa wird Ihnen niemals nahelegen, eine Wahl zwischen der Anwendung von rituellen oder rationalen Hilfsmitteln zu treffen, um eine Krankheit zu heilen, eine Anstellung zu bekommen oder eine Ehefrau bzw. einen Ehemann zu finden. Ich gebe an Sie weiter, was Ifa an mich weitergegeben hat, daß nämlich Erfolg, Wachstum, Glück und Gesundheit durch die Integration beider Hälften Ihres Gehirns zustande kommen. Falls Sie krank sind, dann gehen Sie, um geheilt zu werden, zum Arzt *und* nehmen rituelle Hilfe in Anspruch; falls Sie sich um eine Anstellung bemühen, können Sie bestimmte Substanzen zur Beeinflussung Ihres künftigen Arbeitgebers benutzen, sich *jedoch ebenfalls* auf das Vorstellungsgespräch vorbereiten und korrekt kleiden; falls Sie jemandem den Hof machen wollen, können Sie spirituelle Energie einsetzen, um Ihre Ziele zu erreichen, sollten aber besser obendrein charmant, entgegenkommend und fürsorglich sein. Und wenn es klappt, wenn Sie die Stellung oder den/die ersehnte/n Partner/in bekommen . . . stellen Sie sich gar nicht die Frage, welche Seite den Erfolg erzielt hat. Begreifen Sie, daß *Sie* es getan haben, und das wahrscheinlich deshalb, weil Sie durch das Anzapfen verschiedenartiger Energiequellen Ihre Effektivität verdoppeln konnten. Ifa glaubt an Resultate. Lassen Sie doch diejenigen, die töricht genug sind, sich auf einen Bereich zu versteifen, sich die Köpfe darüber zerbrechen, was welcher Seite zuzuschreiben ist.

Es war Spätherbst, als ich einen Telefonanruf von Nora erhielt, einer Klientin in Sorge um ihre beste Freundin, die sich seit achtzehn Monaten bemühte, schwanger zu werden. Noras Freundin hatte Spezialisten auf diesem Gebiet zu Rate gezogen, und nachdem die Ärzte zu dem Schluß gekommen waren, daß ihr physisch nichts fehlte, wollten sie ihr eine Reihe von Hormoninjektionen verabreichen, um zu sehen, ob es dann vielleicht zu einer Schwangerschaft käme. Nora wollte wissen, ob Ifa da etwas ausrichten könne.

Da ich Freunde hatte, deren Frauen vor dem gleichen Problem gestanden und im Zuge der verschiedenen – erfolglosen – Behandlungsmethoden einiges durchgemacht hatten, bat ich sie eindringlich, ihre Freundin zu einer Orakelbefragung mitzubringen. Ich erklärte ihr, falls Ifa ihrer Freundin nicht helfen könnte, worüber wir erst nach der Weissagung Bescheid wüßten, könne diese sich hinterher immer noch für eine Hormonbehandlung entscheiden. Einige Wochen später kam sie mit Jan zu mir.

Jan war einunddreißig Jahre alt und hatte während der letzten Jahre für einen erfolgreichen Arzt als Sekretärin gearbeitet. Ihre Grundeinstellung war ganz und gar linear. Ich entsinne mich meines Gedankens, daß ihr Wunsch, ein Kind zu bekommen, schon *sehr* stark sein mußte, wenn sie sich überwand, einen Babalawo aufzusuchen. Doch ich dachte auch: «Es gibt keine Zufälle.» Es mußte einen Grund dafür geben, daß sie da war.

Die Orakeldeutung für sie war ziemlich verwickelt, doch ich konnte erkennen, daß Oschun ihr helfen könnte – Oschun, der Orischa des Süßwassers, zuständig für Liebe, Empfängnis und Entbindung. Die Weissagung hatte deutlich gemacht, welches Opfer und welches Ritual in diesem Fall angebracht waren: ein Blutopfer.

Ich entsinne mich, wie ich über meinen Schreibtisch hinweg zu ihr hinüberblickte. Ich wußte, daß Jan mehr als irgend etwas sonst ein Kind haben wollte. Ich spürte ihre Angst, ihr zunehmendes Gefühl von Unzulänglichkeit und ihre überwältigende Traurigkeit über das, was sie als ihr ganz persönliches Versagen ansah. Ich wußte aber auch, daß sie eine typische Westlerin war und daß ich gerade dabei war, ihr etwas vorzuschlagen, was angsteinflößender und inakzeptabler sein könnte als die Tatsache ihrer gegenwärtigen

Empfängnisunfähigkeit. Und so begann ich so behutsam wie möglich, die erforderliche Zeremonie zu beschreiben:

Jan würde in alten Kleidern kommen, Kleidern, die nach der Zeremonie abgeworfen würden wie ihre einstige Empfängnisunfähigkeit. Meine Tochter, eine Oschun-Priesterin, und meine Frau, eine Obatala-Priesterin, würden die Zeremonie unter meiner Leitung durchführen. Der Grund dafür sei ganz einfach: Der Vorgang der Empfängnis und das Wunder der Geburt seien nun mal die Domäne weiblicher Energie. Das Band, das zwischen Jan und Oschun geknüpft werden solle, könne am besten und einfühlsamsten von Priesterinnen gewoben werden, die sich mit den nichtlinearen Kräften dieses Orischa bereits innig verbunden und ganz und gar wohl fühlten.

Nachdem sie Gebete an Oschun gerichtet hätte, würde Jan auf einer Matte liegen, wo weiße Tauben und Wachteln erst ihr und dann Oschun dargebracht würden. Jan würde Oschun stumm bitten, diese Opfergaben anzunehmen, auf daß Oschun es ihr ermögliche, schwanger zu werden. Jan würde ferner jedem Tier für das Opfer danken, das es brächte, damit sie ihr Baby bekommen könne. Die Tiere würden dann über ihren Bauch hinweg dem Priester gereicht werden, ehe sie Oschun geopfert würden. Flußwasser, das Oschuns heilende Kräfte repräsentiert, würde auf ihren Bauch gerieben, die dazugehörigen Gebete gesprochen. Honig, eine von Oschuns Lieblingsspeisen und Symbol für Sex und Lieblichkeit, würde ebenfalls aufgetragen. Alles würde mit einer kleinen Menge des Tierbluts vermischt und durch die Gebete und die Energie der Opferung bekräftigt werden.

Daran anschließend würde Jan zu einer Dusche mit schwarzer afrikanischer Seife und *Omiero*, einer flüssigen

Mixtur aus Kräutern, die Ifa heilig sind, gebracht. Sie würde dann neue weiße Kleidung anziehen, um die «Wiedergeburt» ihres Geistes und ihres physischen Leistungsvermögens widerzuspiegeln. Abschließend würde ein von ihr mitgebrachtes orangefarbenes Stoffstück mit einigen Zutaten aus der Zeremonie gefüllt und so oft wie möglich an ihrem Unterleib getragen.

Ich sagte ihr, falls sie sich entscheide weiterzumachen, möge sie mir Bescheid geben, damit wir Zeitpunkt und Ort für die Durchführung der Zeremonie festlegen könnten. Sie brauchte einen Monat, um sich zum Weitermachen zu entscheiden, und etwa einen weiteren Monat, um die Vorbereitungen zu treffen.

Sieben Wochen nach der Zeremonie rief Jan mich an. Sie hatte gerade einen dieser Tests zur Schwangerschaftsfrüherkennung angewandt, und das Ergebnis war positiv!

Iboru, Oboye, Ibosise.

Segen erbeten, Segen empfangen.

1975 starb mein Sohn Adam. In diesem Moment war er noch lebendig und wohlauf – im nächsten Moment war er fort. Er war neun Wochen alt.

Ich erinnere mich, wie ich den entsetzten Telefonanruf von seiner Mutter erhielt. Ich legte die Strecke zu unserer Wohnung im Eiltempo zurück und traf gerade rechtzeitig ein, um noch die Leute vom medizinischen Hilfsdienst mit einer Art Stoffpuppe im Arm aus dem Hauseingang hasten zu sehen. Ich bin heute überzeugt, daß in dem Moment, da ich meinen Sohn mehr wie eine Stoffpuppe denn wie mein geliebtes Kind wahrnahm, meine konditionierte westliche

Geistesverfassung wieder einrastete – diese «Fähigkeit», die Dinge eher wie einzelne Komponenten zu sehen statt als das Ganze, das sie in Wahrheit sind. Ich konnte mit dem Tod meines Sohnes «umgehen», indem ich ihn intellektuell von der Ganzheit meines Lebens abtrennte. Die Zerstückelung war mir gelungen.

Und so nahm ich den vernichtenden Verlust meines Sohnes und brachte ihn sorgfältig in einer der Abertausende von «Schublädchen», die meine Seele ausmachen, unter. Während meine Reaktion die war, «das Leben weitergehen zu lassen», «das hinter mich zu bringen», versäumte ich, meine Seelenpein wirklich zu empfinden und zu bewältigen, um eine Art seelischen Gleichgewichts herzustellen.

Wir ließen also unser Leben weitergehen. Eilends verkauften wir unser Haus und kauften uns ein anderes, damit wir uns nicht mit Adams Zimmer und den Erinnerungen an ihn befassen mußten. Eifrig verwickelten wir uns in eine Menge anregender Betriebsamkeiten. Die Tatsache, daß unser Leben unwiederruflich anders geworden war, ließ sich nicht ändern, aber wir schafften es, zu beschäftigt zu sein, um das zur Kenntnis zu nehmen.

Heute, als Babalawo des Ifa, sehe ich deutlich, daß negative Energie nicht einfach «weggesteckt» werden kann. Tatsächlich scheint es immer klarer, daß wir durch das Hineinstopfen von mehr und mehr Verlust, Schmerz, Ablehnung und Angst in unsere Schublädchen zu unserer emotionalen und physischen Selbstzerstörung beitragen. Denn Energie läßt sich, wie die Wissenschaft bestätigt, nicht «vernichten». Selbst wenn wir so tun, als sei sie nicht da, selbst wenn wir sie in den hintersten Winkel der letzten Schublade stecken, ist sie weiter vorhanden. Und diese unterdrückte negative Energie wird letzten Endes auf sich aufmerksam machen.

Auf unserem weiteren Weg werden wir die Resultate dieser negativen Energie sehen, wenn sie sich dann als Krebs, Herzattacke, Nervenzusammenbrüche oder Bluthochdruck manifestiert. Irgendwann «begriff ich», daß ich es versäumt hatte, mich mit dem Tod meines Sohnes auseinanderzusetzen. Glauben Sie mir, ich begriff es . . ., doch fühlen konnte ich es noch immer nicht.

1990, mit fünfzig Jahren, wurde ich erneut Vater. Durch Ifa hatte ich gelernt, meine Gefühle nicht zu fürchten. Ich hatte gelernt, die Energie, die diese Gefühle provozieren, zu spüren und in positiver Weise zu nutzen. Voller Freude nahm ich wahr, wie unser Kind in Vassa heranwuchs, und ich war von Ehrfurcht erfüllt, als ich erleben durfte, wie der Kopf unseres Sohnes Dashiel sich Zugang zur Welt verschaffte. Die reine, überwältigende Energie des Geborenwerdens und des Gebärens ließ mich eine innere Stärke und Freude empfinden, die ich nie zuvor gekannt hatte.

Was hat das mit dem Auflösen negativer Energie zu tun? Nun, etwa zwei Monate später, ich spielte gerade mit Dashiel, kam mir unversehens ein furchteinflößender Gedanke in den Sinn: Falls diesem kostbaren kleinen Wesen etwas zustieße, wäre ich völlig am Boden zerstört. Allein der Gedanke traf mich mit der Wucht eines Boxhiebes, und alles in mir krampfte sich zusammen. Doch diesmal schob ich nichts beiseite, verstaute nichts in einer tiefen, dunklen Schublade meines Unbewußten. Statt dessen saß ich da und spürte den Schmerz, denn ich hatte gelernt, daß der Schmerz über den möglichen Verlust der Liebe entspricht, die ich für meinen Sohn empfand. Den Schmerz zu unterdrücken würde bedeuten, die Liebe zu verringern. In diesem Moment war ich zum allerersten Mal imstande, den Schmerz über Adams Tod, der nun schon vierzehn Jahre zurücklag, zu empfinden.

Die laserähnliche Energie von Schmerz und Verlust und Liebe machte den Weg frei für jene Tränen, die ich vierzehn Jahre lang zurückgehalten hatte. Während ich meinen neugeborenen Sohn ans Herz drückte, rannen mir die Tränen für seinen Bruder übers Gesicht, und die positive Energie der Liebe, die auszudrücken ich versäumt hatte, setzte die negative Energie des Verlustes frei, dem ins Auge zu blicken ich mich geweigert hatte. Die Schublade leerte sich, und das emotionale Gleichgewicht war schließlich wiederhergestellt.

Ifa ist Studium und Nutzung von Energie. Durch eine festgelegte Abfolge von Ritualen und Verhaltensweisen lernen wir, Energie zur Veränderung unseres Lebens erst zu erfahren und dann zu nutzen. Statt unsere Gefühle zu unterdrücken oder zu dämpfen, lernen wir von Ifa, daß es unverzichtbar ist, voll und ganz zu empfinden. Diese Empfindungen sind der Ansporn für die nichtlineare Seite des Gehirns, ihre kraftvollen Fähigkeiten auszuüben. Nach dem Verständnis von Ifa kann nur positive Energie negative Empfindungen vertreiben bzw. ein emotionales Gleichgewicht wiederherstellen.

In unserer Gesellschaft fürchten wir uns vor intensiven Gefühlen. Wir haben gelernt, welche Art von Verhalten angemessen ist und welche nicht. Männer und Frauen müssen bestimmte Rollen und Erwartungen erfüllen, die ihre Empfindungen und schließlich ihr Empfindungsvermögen abstumpfen.

In der Vergangenheit erhielt unser emotionales und spirituelles Leben Nahrung durch verschiedene Rituale, die dazu bestimmt waren, die nichtlineare Seite unseres Gehirns offen und aktiv zu erhalten – Kommunion, Beschneidung, die Oster-, Passah- oder Fastenzeitrituale, koschere Essenszube- reitung. Doch diese Zeremonien haben heute viel von ihrer Kraft verloren und werden oft nur noch mechanisch und mehr oder weniger emotionslos ausgeführt.

Ifa, die älteste monotheistische Religion der Welt, hat sich seine ursprünglichen Mittel zur Transzendenz bewahrt. Durch Orischa-Anrufung, Weissagung und Ahnenvereh- rung erhalten wir die nichtlineare Seite unseres Gehirns of- fen und voller Kraft. Wenn wir zu unserem Orischa oder zu unseren Ahnen beten, verbinden wir uns mit kraftvollen Energiequellen. Wenn wir unserem Orischa oder unseren Ahnen Opfergaben darbringen oder wenn wir von Weissa- gung Gebrauch machen, überbrücken wir auf sinnfällige Weise die Kluft zwischen Vergangenheit, Gegenwart und Zukunft. Die starke Energie und die Emotionen, die durch diese Handlungen freigesetzt werden, geben uns die Kraft, unser Leben spürbar zu verbessern. Sie verleihen uns außer- dem die Fähigkeit, in unserem Alltag intensive Gefühle zu akzeptieren und zu erfahren. Gefühle sind, wie die Orischa, reine Energie. Damit sie von Nutzen sein können, muß man sie erleben. Ifa lehrt uns zu empfinden.

Es gibt einen Moment im Leben, wo wir in der Lage sind, die Kraft von reiner emotionaler Energie total zu erleben – ohne Angst, ohne Vorbehalte. Das ist die Erfahrung des Or- gasmus. An dieses Phänomen linear heranzugehen ist sinn- los! Obendrein fühlen wir uns nach dem Orgasmus ent- spannt, energetisiert und friedvoll!

Das hat keineswegs nur physische Gründe. Es geschieht, weil wir für diesen einen Moment in totaler und konstruktiver Weise die lineare Welt verlassen und die Welt der reinen emotionalen Energie und Kraft betreten. Und diese Welt gibt uns mehr Energie, als sie verbraucht. Und wir erfahren, was ebenso wichtig ist: Obgleich wir momentan «die Kontrolle verlieren» über Strukturen, von denen, wie wir glauben, unser Leben total abhängt, geht die Welt nicht unter. Vielmehr ist nach dem Orgasmus unsere Fähigkeit, die alltäglichen Dinge anzugehen, gewöhnlich größer und konzentrierter als zuvor. Da ist es doch nur plausibel, daß es auch noch andere Mittel und Wege geben sollte, uns in Kontakt mit dieser Energie zu bringen.

Genau darum geht es bei Ifa: Ifa ist Reisekarte und Bedienungsanleitung für die außerordentliche Kraft des Nichtlinearen, des Nichtrationalen. Durch Ritual und Opferung, Orischa-Anrufung und Weissagung, Ahnenverehrung und Gebet liefert Ifa uns eine Schritt-für-Schritt-Anleitung für den Zugang zu dieser enormen Quelle der Kraft, des Friedens und der Stärke.

Durch Ifa werden Sie in der Lage sein, rituelle Wege als Zugang zu dieser Kraft, wann immer Sie sie benötigen, zu erkunden. Zuerst werden Sie sich etwas seltsam fühlen oder vielleicht sogar dumm vorkommen: «Sie meinen, ich soll die Wassermelone nehmen und in den See legen, während ich im Geiste zu jemandem rede, der Jemonja heißt?!» Doch wenn Sie sich, nur für eine oder zwei Sekunden, mit der reinen, kraftvollen Energie des Ozeans, die wir Jemonja nennen, verbinden, wird dies Ihr erster Schritt zur Verdoppelung oder Verdreifachung Ihrer Fähigkeit sein, in Ihrem Leben bleibende positive Veränderungen vorzunehmen.

Es besteht ein enormer Unterschied zwischen gültig und wert-
voll. Es gibt viele Wege zur Wahrheit, aber Sie können nicht
zur gleichen Zeit in zwei Richtungen gehen.

Wir leben in einer Welt der Moden. In den vergangenen Jahren wurde es mehr und mehr Mode, seine Fußspitze mal eben in die spirituellen Gewässer uralter Kulturen zu tauchen. In den sechziger Jahren waren es Yoga, Meditation und Mantras aus Indien, in den Siebzigern und Anfang der Achtziger bewegte sich der Trend nach Westen, und die heilenden Kräfte der Schwitzhütte, die Weisheit der amerikanischen Ureinwohner, Einheit mit der Natur waren gefragt. Und in den Neunzigern zeichnet sich ein Wiederaufleben des Interesses an Afrika ab. Wir können uns darauf gefaßt machen, daß Kauris und farbenprächtige Perlen schon bald den Türkis- und Silberschmuck ablösen werden.

Alle diese Kulturen haben wundervolle religiöse Einsichten anzubieten, doch keine von ihnen kann dem spirituellen Dilettanten irgend etwas bedeuten! Transzendenz war nie dazu ausersehen, die Konversation auf Cocktailpartys zu bereichern. Die Kunst uralter Kulturen, die deren kostbarste Überzeugungen zum Ausdruck bringt und widerspiegelt, wurde nicht geschaffen, um die Wände eleganter Wohnungen zu schmücken.

Obgleich ohne Frage jede spirituelle Reise ein tiefes Erlebnis sein kann, sind Dilettanten dazu prädestiniert, dieses zu verpassen. In dem Augenblick, da sie der realen Kraft und Bedeutung der Erfahrung nahekommen, werden sie das Weite suchen. Warum? Weil derjenige, der erst einmal von der Schönheit, der heiteren Gelassenheit und der Kraft des Spirituellen gekostet hat, sich der Notwendigkeit ge-

genübersieht, seine Werte zu überdenken. Für viele hat das etwas Beängstigendes. Das ist etwas, was Sie spüren und tun müssen ..., anstatt bloß darüber zu reden.

Da gibt es jene, die sagen: «Die Wahrheit steckt in vielen Dingen; warum sollen wir sie nicht alle kennenlernen?» Die Antwort darauf ist praktisch, nicht philosophisch. Jeder Weg hat seine eigenen Regeln, seine eigenen Wahrheiten und Rituale. Das ist nicht viel anders, als lernten Sie, ein Flugzeug zu fliegen. Sie lernen die Regeln, die es Ihnen gestatten, sicher Ihren Bestimmungsort zu erreichen. Falls Ihnen unterwegs jedoch plötzlich einfiele, die Instruktionen aus der Hubschrauber-Lehrstunde anzuwenden, um das Flugzeug zu steuern, würden Sie mit einiger Wahrscheinlichkeit abstürzen. Das ist keine Frage von richtig oder falsch: Die Richtlinien dürfen einfach nicht durcheinandergeraten. Es gibt viele Wahrheiten ... jeweils eine zu einer Zeit.

Also kommen Dilettanten zu Ifa und dem Babalawo, um sich aus einer Klemme helfen zu lassen ... auf die Schnelle. Sie wollen ein bestimmtes Mädchen haben, ein Gerichtsverfahren gewinnen, ihr Einkommen erhöhen, ihre Gesundheit wiederherstellen – doch sie wollen nicht ihr Wertesystem überdenken, das in erster Linie ihre Probleme verursacht hat. Sie wollen an den Ritualen teilnehmen, die Opferungen machen und ein praktisches Resultat erzielen – und dabei jede Gelegenheit zu persönlichem Wachstum möglichst vermeiden. Wird ihnen die wirkliche Bedeutung und transzendente Kraft des Ifa zugänglich gemacht, können die meisten nicht damit umgehen. In gewisser Weise sind sie in diesem kurzfristigen Denken durch viele der spirituellen, aber zugleich praktischen Lösungen, die ihnen angeboten worden sind, unwillkürlich unterstützt worden.

Genau in diesem Zusammenhang nehme ich die Unterscheidung vor zwischen dem, was gültig, und dem, was wertvoll ist. Es ist vollkommen richtig, daß man durch indianische Schwitzhütten, Yogapraxis, religiöse Wochenend-Retreats, Qi Gong usw. Transzendenz erreichen kann –, und Kommunion, Passah, Ostern, Bar-Mizwa, Taufe sind ebenfalls Möglichkeiten, Transzendenz zu erfahren. Doch wenn die transzendente Erfahrung nicht Bestandteil Ihres Alltags wird, wenn Sie sie nicht mit nach Hause nehmen, ist ihr Wert verloren.

Wir sind dahin gekommen, zu akzeptieren, daß Transzendenz irgendwie nichts für den Alltag ist. Wir konzentrieren uns auf die Wochenenderfahrung und kehren dann, wieder wie gehabt, in die Tretmühle zurück.

Ifa dagegen ist gültig *und* wertvoll. Ifa schätzt sowohl das Spirituelle als auch das Weltliche. Die Orischa sind jederzeit bei Ihnen. Sie benötigen keine Kirche oder sonst ein Gebäude, um Kontakt zu ihnen aufzunehmen. Die Orischa sind bei Ihnen – auf dem Land, auf der Autobahn oder bei einem Geschäftsessen. Hier können sie Ihnen zu innerem Frieden, da zu Erfolg verhelfen. Ifa sieht Sie als Ganzheit, und damit Sie eine Ganzheit bleiben, bietet es das Ritual; das läßt sich nicht in dreißig Sekunden oder in dreißig Tagen verstehen oder beherrschen. Es ist eine lebenslange Reise ohne Bestimmung oder Ziel.

Unsere spirituelle Erfahrung sollte eine freudige Antwort sein auf die positive Energie, die das Universum im Überfluß für uns bereithält. Dazu gehört, daß wir unser Leben mit anderen teilen, die uns lieben und respektieren; die Freude über eine gute Gesundheit und über das Wunder der Existenz von Kindern; der Stolz darauf, eine Aufgabe gut zu erfüllen und dem Universum oder den Menschen, die in ihm leben, kein Leid zuzufügen; und die Anerkennung unserer

Gottgefälligkeit. Inspiriert von den Gelegenheiten und Möglichkeiten, die uns jeder neue Tag bietet, sollten wir täglich erwachen, nicht voll Angst oder Ärger über das, was er für uns bereithalten mag. Wir sollten imstande sein, furchtlos und sicher durchs Leben zu gehen, in dem Wissen, daß wir niemals von der Kraft unserer spirituellen Energie abgeschnitten zu sein brauchen. Dann können wir sicher sein, daß wir uns auf einem Weg der Wahrheit befinden. Ifa ist ein solcher Weg. Ich lade Sie ein, mit mir an der Reise teilzunehmen.

Ko Si Ku
Ko Si Arun
Ko Si Eyo
Ko Si Ofo
Ko Si Akoba
Ko Sie Fitibo
Ariku Babawa.

Auf daß es keinen Tod mehr gibt,
keine Krankheit mehr gibt,
kein Unglück mehr gibt,
keinen Verlust mehr gibt,
kein unvorhergesehenes Übel mehr gibt,
keine Niedergedrücktheit mehr gibt,
laßt uns nicht den Tod unseres Vaters erleben.

Nachwort

Die Suche nach Antworten auf Fragen wie «Warum sind wir hier?» oder «Welche geheimnisvollen Mächte haben uns erschaffen ... und scheinen sich mitunter gegen uns zu wenden?» hat ihren festen Platz im Leben und Denken der Menschen überall auf der Welt. Diese Überlegungen, vielleicht älter als die Fähigkeit zu sprechen, fanden mit der Entwicklung der Sprache ihren Ausdruck in der Mythologie. Dabei versuchten die verschiedenen Mythologien nicht nur, Antwort auf diese Fragen zu geben, sondern zugleich «gültige» Wahrheiten über die Erschaffung der Erde und die daran maßgeblich beteiligten Naturgewalten zu formulieren und diese Gewalten für den Menschen «faßbar» zu machen, zu anthropomorphisieren, sie zu menschlichen Gestalten mit menschlichen Zügen zu machen.

In Afrika entwickelten sich unter der Obhut weiser Männer und Frauen Religionen verschiedenster Prägung. Einige dieser institutionalisierten Glaubensformen waren einfach und unkompliziert, begründet von Jägern und Sammlern, die für einen fernen Schöpfergott eher beiläufiges Interesse zeigten, jedoch ein inniges Verhältnis hatten zu einigen ihr tägliches Leben unmittelbar betreffenden Gottheiten, die Wind und Regen beherrschten, ihnen Jagdbeute und reiche Ernte bescherten ... oder ihnen all dies durch Naturkatastrophen versagten. Manche afrikanischen Gemeinschaften –

wie das Volk der Joruba – wurden seßhaft, lebten von der Bebauung ihrer Felder, erwirtschafteten dabei Ertragsüberschüsse, mit denen sie Handel treiben konnten, und etablierten spezialisierte Stände wie zum Beispiel Weber, Töpfer, Schmiede und Metallgießer. Dieser wirtschaftliche Überschuß bildete das Fundament einer hierarchisch gegliederten Gesellschaft, deren Aufbau in der komplexen Religion des Ifa und dem durch Ifa hervorgebrachten Pantheon der Götter im Himmel und auf der Erde seine Entsprechung fand. Im Laufe einer jahrhundertelangen Entwicklung spiegelte die Religion der Joruba die zunehmende Komplexität der Joruba-Gesellschaft getreu wider. Viele weise alte Männer wurden Priester von Gottheiten, die einst Naturgewalten des Himmels oder der Erde repräsentiert hatten und so menschliche Charakterzüge trugen. In neuerer Zeit kam es dahin, daß diese Gottheiten die Eigenschaften leibhaftiger Herrscher und herausragender Kulturträger verkörperten; so war zum Beispiel Schango, der Gott des Donners, ein dereinst herrschender Alafin von Ojo, der weltliche König aller Joruba.

Diese Joruba aus dem heute als Nigeria bekannten Teil Westafrikas hatten nicht nur ein reiches Götter-Pantheon mit Oludumare, dem Schöpfer-GOTT, an der Spitze, sondern sie entwickelten auch ein hochkomplexes, aber dennoch flexibles Weissagungssystem namens Ifa, benannt nach der dafür zuständigen Gottheit. Dieses System, mit der für Joruba typischen Gründlichkeit und Detailgenauigkeit darauf angelegt, jeglicher Eventualität gerecht zu werden, ist eine einzigartige Mischung aus menschlichem Erfindungsgeist und göttlicher Weisung. Durch das ihm eigentümliche Merkmal, nicht zu be- und zu verurteilen, entgeht es der Falle ethisch ausgerichteter religiöser Systeme, Schuldbewußtsein hervorzurufen. Es ist ein System, das ethische Fragen ausklammert und sich ganz auf praktische Probleme konzentriert.

Doch weitaus wichtiger als die Beschreibung einer Religion oder die Untersuchung ihrer Bilderwelt, sofern eine solche existiert, ist die Frage, welche Rolle diese Religion innerhalb der Gesellschaft spielt – vor allem wenn sie, wie die Joruba-Religion und die Ifa-Weissagung, mindestens 1350 Jahre erfolgreich überdauert hat. Ihre Überlebensfähigkeit scheint in ihrer Flexibilität und ihrem Anpassungsvermögen an neue Verhältnisse zu liegen. Vor allem aber wirkt Ifa – den praktischen Nutzeffekt und das seelische Erleben betreffend – wie ein Puffer gegen all die Schicksalsschläge des Lebens. Für die Joruba früherer Zeiten gab es die allgegenwärtige Bedrohung durch Dürren, Überschwemmungen, Stürme, sengend heiße Sonne, Insekten und unsichtbare Feinde wie Bakterien und Viren, die mindestens drei von fünf Kindern dahinrafften. Später dann kam das Grauen der Ozeanüberquerung in den Sklavenschiffen, die Zeit der mörderischen Stammeskriege des späten 18. und 19. Jahrhunderts, in der so viele Joruba von Königen benachbarter Völker in die Sklaverei verkauft wurden.

Unter denen, die lebendig in der Neuen Welt ankamen, waren sämtliche Berufsgruppen vertreten: Priester, Könige, Krieger, Frauen, die Vorsteherinnen großer Märkte gewesen waren, Bildhauer, Weber, Hausbauer und Töpfer, um bloß einige zu nennen. Auf stinkenden Schiffen unter unsäglichen Bedingungen zusammengepfercht, brachten diese Afrikaner ein großartiges, für ihre europäischen Häscher nicht sichtbares kulturelles «Gepäck» an Fertigkeiten und Wissen mit und eine Religion, die ihnen half, die harten Prüfungen ihres neuen Lebens zu bestehen.

Jene Joruba, die in spanische und portugiesische Ansiedlungen kamen, fanden schnell heraus, daß sie gezwungen waren, entweder den katholischen Glauben anzunehmen oder eine noch schlimmere Behandlung als üblich zu erdulden. Vernünftigerweise arrangierten sie sich mit dieser neuen Religion, die sie nicht verstanden. Den weisen *Babalawos*, die die Überfahrt und die frühen Tage der Sklaverei überlebten, muß rasch klargeworden sein, daß es notwendig war, Schüler heranzubilden, um das Weiterleben von Menschen und Göttern sicherzustellen. Ihre rationale Erklärung für das Überleben von Gottheiten, die ansonsten Wasser nicht überqueren konnten, war die, daß das wichtigste Geistwesen Ori war, der Kopf – oder besser das, was sich im Innern des Kopfes befand –, und daß alles andere dort seinen Ursprung hatte – nicht zuletzt die Fähigkeit der Weissagung, die die Reise ebenfalls unbeschadet überstand.

Mythen sind durch die Vorstellungswelt jener, die sie weitererzählen, Veränderungen und Modifizierungen ausgesetzt. In der Neuen Welt jedoch wurde in wachsendem Maße die Auslegung der Joruba-Religion und ihrer Rituale regelrecht kodifiziert, was für Afrika überhaupt nicht typisch ist, wo man bis auf den heutigen Tag – innerhalb eines gewissen Rahmens – regional unterschiedliche Auslegungen vorfindet. Die Ifa-Weissagung blieb jedoch ziemlich unbeschadet erhalten, weil sie, verblüffend genug, einfach wirksam war. Ihre Wirkung beruht nicht nur darauf, daß die passenden Verse verwendet werden, sondern auf der Kraft, die sich im gesprochenen Wort akkumuliert.

Diese Kraft ist ein Phänomen, an dem ein breites Spektrum afrikanischer Traditionen teilhat, und sie überlebte unter den Völkern in der Diaspora der Neuen Welt. Der Glaube daran, daß das gesprochene Wort über eine genuine eigene Kraft verfügt, daß Worte ein spirituelles Wirkungsvermögen und auch eine geheimnisvolle Schutzkraft entfalten können, ist Bestandteil sowohl religiösen wie weltlichen Denkens. Zum Lobpreis der Gottheiten angestimmte Gesänge erfreuen nicht nur die *Orischa*, sondern der aus jeder Strophe neu gewonnene Impuls wird zu einer eigenständigen Kraft. (Es ist eine interessante Feststellung, daß in der Neuen Welt, obgleich die Anrufung der Götter durch Trommeln gutgeheißen wird, die ursprüngliche tonale Sprache der Joruba, die von Zuschauern eindeutig als Anrufung oder Lobgesang erkannt werden kann, nicht verwendet wird.) Das Trommeln, das die angestimmten Gesänge begleitet, verstärkt die Kraft der Worte. Daher ist nicht weiter verwunderlich, daß die Macht, die man dem Babalawo zuschreibt, und der ihm gezollte Respekt nicht nur auf seine Fähigkeit zurückzuführen sind, die Botschaften intuitiv zu erkennen und sie mit Hilfe von Orunmila (der Gottheit des Wissens) durch Ifa zu deuten, sondern auch darauf, daß er ungefähr dreitausend Verse in sich aufgenommen und im Gedächtnis behalten hat, die mit den verschiedenen Würfen der Weissagungskette in Verbindung stehen.

Kernstück dieser Joruba-Religion ist die Vorstellung von *Asé*, der persönlichen spirituellen Kraft des einzelnen Menschen, die im Laufe eines Lebens dadurch wächst, daß jemand viele gute Taten vollbringt, ferner ein angemessenes, gelassenes Verhalten zeigt und den Göttern durch das Darbringen von Opfern Ehre erweist. Die Wechselseitigkeit des Dienstes zwischen Göttern und Menschen besteht im wesentlichen im Geben von Stärke, in der Erneuerung von *Asé* für die Orischa durch das Opfer von Tieren, die der jeweiligen Gottheit zugeordnet sind. Von neuem Leben erfüllt und dankbar, beglücken dann wiederum die Gottheiten ihre ge treue Gefolgschaft mit zusätzlichem *Asé*. Über alle Regeln dieser liebevollen gegenseitigen Unterstützung von Menschen und Göttern weiß jener «Vater allen Wissens» Bescheid, der Babalawo.

In den letzten Jahren erlebte *Die Religion* (wie sie von ihren Anhängern genannt wird) in den Vereinigten Staaten einen phänomenalen Popularitätszuwachs und eine Metamorphose. Santeria, die synkretistische Verschmelzung von originärer Joruba-Religion und Ifa mit dem Katholizismus, kam erstmals in den vierziger und fünfziger Jahren mit Puertoricanern in die Vereinigten Staaten, und danach mit den kubanischen Flüchtlingen in den sechziger Jahren. Flüchtlinge aus Haiti brachten dann Voodoo mit herüber, eine Mischung aus Joruba-, Fon- und Hueda-Gottheiten mit Kongo-Göttern und Magie. Viele Leute, die Voodoo oder auch Santeria praktizieren, sind nun auf der Suche nach der ursprünglichen Joruba-Religion, da ihre Priester die katholischen Heiligen und die Orischa unterschieden wissen wollen. Diese Amerikaner afrikanischer Herkunft, die den Synkretismus als Zugeständnis an eine Sklavenreligion ablehnen, richten ihren Blick auf Oyotunji Village in der Nähe von Beaufort, South Carolina, wo die Joruba-Kultur und -Religion noch lebendig ist. Auch wenn manche Beobachter diese Ablehnung von Synkretismus als einen Konzentrationspunkt für schwarzen Nationalismus begrüßen, scheint es doch so zu sein, daß jene, die nach Oyotunji Village gehen, um die Joruba-Religion zu studieren (die mittlerweile auch in anderen Teilen der Vereinigten Staaten praktiziert wird), einfach versuchen, jene Religion der Stärke, des inneren Friedens und der Macht wiederzubeleben, die mit ihren Ahnen aus Afrika herüberkam.

Eine weitere, immer größer werdende Gruppe von Ifa-

Praktizierenden, denen der Autor des vorliegenden Buches als Leitfigur gilt, umfaßt Mitglieder jeder Rasse und jedes kulturellen Hintergrundes, ganz so, wie es Afrikas Joruba gutheißen würden. Die Inselbevölkerung der Karibik, die die Religion nach Miami, New York und Chicago brachte, ist sowohl afrikanischer als auch europäischer Herkunft: Ein Faktum, das eine Herausforderung für die Logik derjenigen darstellt, die da behaupten, nur Personen afroamerikanischer Abstammung könnten an der Orischa-Verehrung teilhaben und Ifa-Weissagung ausüben oder zu Rate ziehen. Viele Amerikaner sind aufgrund von ernüchternden Erfahrungen mit der jüdisch-christlichen Tradition auf der Suche nach einer Religion der persönlichen Erfüllung, einer Religion, die ihnen das Gefühl von persönlichem Wert und von Einflußmöglichkeit auf ihr eigenes Geschick vermittelt. Sie entdecken, daß Ifa die Wahrung ihrer materiellen Errungenschaften zuläßt, ihnen zugleich ein Gefühl von spiritueller Befreiung vermittelt und ihnen verspricht, alles sei für sie möglich, sofern sie sich von einer strikt linearen Denkweise freimachen.

Philip Neimark hat das Gefühl, daß die Amerikaner heutzutage in spiritueller Hinsicht so orientierungslos sind, wie es die Afrikaner in kultureller Hinsicht waren, als man sie an den Küsten der Neuen Welt absetzte. In einem ganz realen Sinn geht es ihm darum, anhand einer persönlichen Reise das «Warum» des Erfolgs von Ifa zu enthüllen. Auf seinem Weg hat er gründliche Nachforschungen betrieben, angeleitet durch William R. Bascom, dem Autor von *Ifa Divination* und *Sixteen Cowries*, und durch mich. Das Resultat, enthalten im vorliegenden Werk, wird ein Handbuch sein für all jene, die sich mit *Der Religion* eingehender beschäftigen möchten. Dr. Afolabi Epega, der das Geleitwort zu diesem Buch geschrieben hat, teilt diese Einschätzung. Damit hat der Kreis sich geschlossen, denn Dr. Epegas Großvater war der Mann, der William Bascom in den späten dreißiger Jahren dieses Jahrhunderts in Ile Ife (Nigeria) in die Ogboni Society eingeführt hat – und William Bascom und Melville Herskovits wiederum leiteten meine eigene Feldforschung in Nigeria.

Dr. Justine M. Cordwell
May Weber Museum of Cultural Arts
Chicago, Illinois

Dank

Danken möchte ich FAMA (F. A. M. Adewale-Somadhi), dessen Quellenarbeit über «Das Wesen des Opferns» und andere Gebiete einen maßgeblichen Beitrag zu dieser Arbeit lieferte; Häuptling Okemuyiwa Akinyomilo (Akirabata-Ribiti), der die Übersetzung der Heiligen Werke von Okanrun-Ofun für den Abschnitt über den Heiligen Garten zur Verfügung stellte; Gbolahan Okemuyiwa und Awo Ademola Fabunmi, deren Arbeit über das Konzept des Ori samt den dazugehörigen Übersetzungen sich für mich als unschätzbar wertvoll erwiesen hat; sowie vielen anderen ganz dem Ifa verpflichteten Priestern und Priesterinnen, deren Wissen, Einsicht und Weisheit in dieses Buch eingeflossen sind.

Besonders danken möchte ich Dr. Justine Cordwell, die alle in diesem Buch wiedergegebenen Fotos 1950 während ihrer anthropologischen Feldforschung in Nigeria machte. Die Bilder werden hier erstmals veröffentlicht.

Personen- und Sachregister

227

228